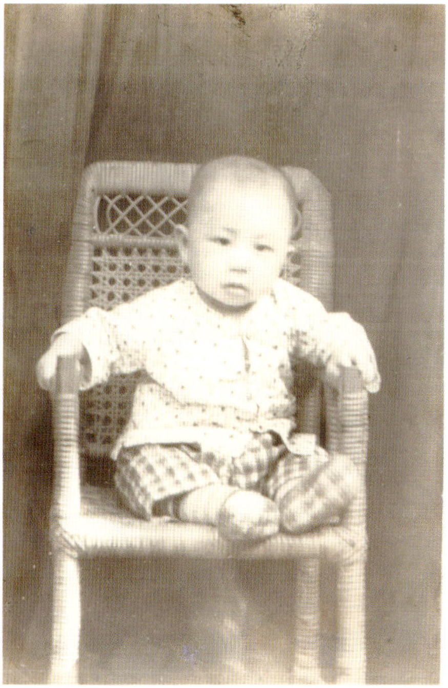

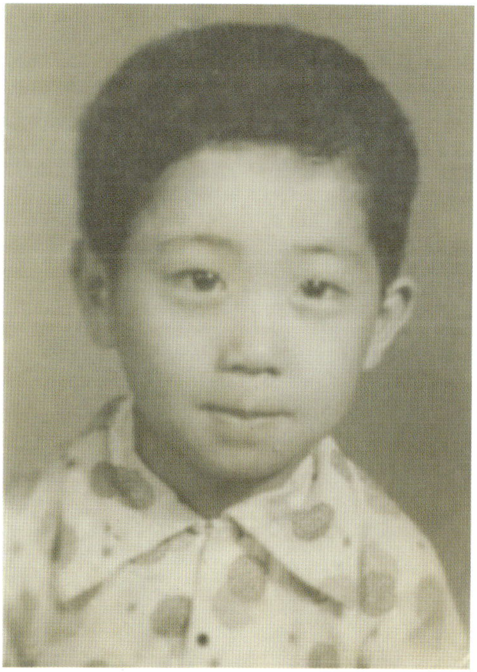

上图 / 黄培康在家中书房

左下图 / 1936年6月，9个月的黄培康

右下图 / 1940年，不到5周岁，考入上海喇格纳小学的黄培康

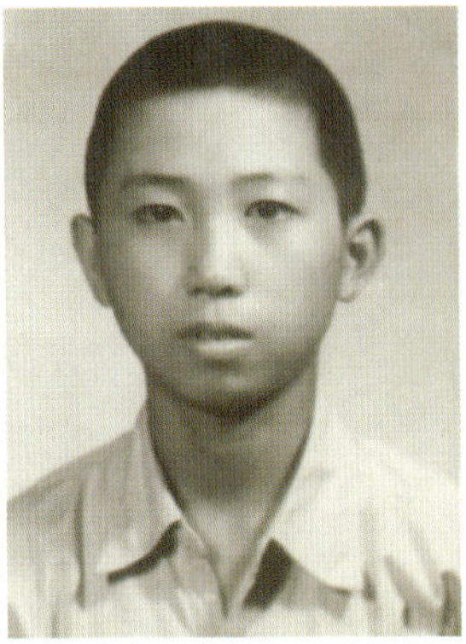

上左图 / 1949年，考入江苏省立上海中学高中理科班的黄培康

上中图 / 1956年，毕业于南京工学院（今东南大学）无线电系的黄培康

上右图 / 1957年，开始一生献身于中国航天事业的黄培康

下图 / 黄培康在110大型单脉冲雷达站从事目标特性测量与研究工作

上图 / 黄培康在我国全尺寸目标静态测试场工作

中图 / 黄培康在我国大型紧缩场工作

下图 / 被测飞机模型化后，黄培康在微波 / 毫米波无反射实验室作测量研究

上图 / 黄培康参加学术研讨会

中图 / 黄培康（左二）向我国著名电子学专家陈芳允（左一）汇报科研进展情况

下图 / 国家高技术“863”某直属主题专家组全体专家合影（左起：林金、翟春惠、孙仲康、黄培康、林祥棣、沈振康、刘德成）

上图 / 1987年，黄培康在联合国教科文组织“地球资源开发与遥感”研讨班上作报告

中图 / 1996年，参加第37届国际宇航联（IAF）大会的二院专家合影（左起：吕慧英、黄培康、黄纬禄、吴北生、钟山、王文超）

下图 / 1996年，黄培康（左）参加国际雷达会议，与雷达专家Farina（右）共同主持“雷达目标”分会议

上图 / 1991年，黄培康（右二）访问美国密执安大学，与戴振铎教授（左二）、L.Liepa 教授（左三）等人合影

中图 / 1994年，黄培康（前排右一）访问美国德克萨斯大学，与著名微波遥感专家 A.K.FENG（冯健超）教授（前排右二）等人合影

下图 / 2001年，黄培康在国际雷达会议上作大会特邀报告

上图 / 黄培康为研究生讲课

中图 / 黄培康与毕业博士生合影（左起：陈国瑛、黄培康、葛志强、屈晓光）

下图 / 1985年，黄培康与研究生在一起

上图 / 1995年，黄培康（左四）在家乡与兄弟姐妹合影

中图 / 1995年，黄培康（右）与爱人江雷（左）合影

下图 / 2015年，黄培康温馨的全家福（后排左起：女婿赵明辉、女儿黄真、儿媳胡京莉、外孙赵剑北；前排左起：夫人江雷、孙子黄安迪、儿子黄忱、孙女黄安雅、黄培康）

黄培康院士传记

Academician Huang Peikang's Biography

《中国航天院士传记丛书》总编委会 组织编写

田俊杰 朱志浩 邱霞 殷红成 著

中国宇航出版社
·北京·

图书在版编目(CIP)数据

黄培康院士传记 / 田俊杰等著 ;《中国航天院士传记丛书》总编委会组织编写. -- 北京 : 中国宇航出版社, 2016.9

(中国航天院士传记丛书)

ISBN 978-7-5159-1202-8

Ⅰ. ①黄… Ⅱ. ①田… ②中… Ⅲ. ①黄培康一传记 Ⅳ. ①K826.16

中国版本图书馆 CIP 数据核字(2016)第 245050 号

责任编辑　黄　莘
责任校对　牟宁宁　刘　凯　　装帧设计　宇星文化

出版发行　中国宇航出版社
社　址　北京市阜成路 8 号　邮　编　100830
(010)60286808　(010)68768548
网　址　www.caphbook.com
经　销　新华书店
发行部　(010)60286888　(010)68371900
(010)60286887　(010)60286804(传真)
零售店　读者服务部
(010)68371105
承　印　三河市君旺印务有限公司

版　次　2016 年 9 月第 1 版
2016 年 9 月第 1 次印刷
规　格　787×960
开　本　1/16
印　张　16.75　彩　插　8 面
字　数　258 千字
书　号　ISBN 978-7-5159-1202-8
定　价　58.00 元

《中国航天院士传记丛书》总编委会名单

编审委员会

主　　任　许达哲　高红卫

副 主 任　雷凡培　曹建国

委　　员　李金生　方向明　袁　洁　李　跃　包为民

编撰委员会

总 主 编　许达哲　高红卫

副总主编　李　跃　包为民

委　　员（按姓氏笔画排列）

于世元　马礼谦　王亚文　邓宁丰　朱芝松

朱忠元　任玉琨　孙玉斌　李　明　李　锋

陈学钏　张连成　周晓飞　侯　晓　贾　可

梁小虹　谭永华

总编委会办公室

主　　任　周晓飞　朱忠元　邓宁丰

成　　员（按姓氏笔画排列）

丁雅清　于　宁　于　希　王来成　李卫东

杨利伟　辛大广　张铁钧　范占英　唐　燕

徐　睿　戴品华

《黄培康院士传记》编审委员会名单

编审委员会

主　任　马　杰

副主任　李　陟

委　员　吕大波　严　华　严荣祥　张向群　唐应伟
罗　霄　盛　利　李　芸　金立亮　鲁耀兵
张世溪　韩志平　刘　珂　路海东　曹建中
申屠燕冬　夏　溧

编审委员会办公室

主　任　邸　帅

副主任　韩　宁

成　员　李　嵌　佘国辉　张福祥　李卫民　罗朝晖
沙元昌　纪军丽　王　昕　幸小雷　刘方方

序　一

Preface I

中国航天事业自1956年创建以来，已经走过50多年的发展历程。在党中央、国务院、中央军委的亲切关怀和英明领导下，中国航天人团结一心、顽强拼搏、勇于创新、无私奉献，不仅取得了以“两弹一星”、载人航天工程和月球探测工程为代表的辉煌成就，孕育形成了航天传统精神、“两弹一星”精神和载人航天精神，也造就了一支技术精湛、作风优良的航天人才队伍。

航天系统的中国科学院院士和中国工程院院士就是这支队伍的杰出代表。中国航天科技集团公司和中国航天科工集团公司先后有50多位科学家和航天工程专家当选为两院院士。其中，有7位院士获得过“两弹一星”功勋奖章，2位院士获得过国家最高科学技术奖。他们不仅是航天成就的主要创造者，也是航天精神的重要孕育者和忠实践行者。

中国航天事业是在新中国成立不久，工业实力、科技实力、综合国力都很薄弱，帝国主义严密封锁，苏联撕毁协定、撤走专家的情况下发展起来的。以航天院士为代表的中国航天人，自力更生，艰苦奋斗，奋发图强，顽强拼搏，在一穷二白的基础上，独立自主地创建起了中国的航天事业。

航天型号研制是复杂的系统工程，涉及很多领域，需要众人参与，必须大力协同、集智攻关才能完成。以航天院士为代表的中国航天人，在航天工程研制实践中，齐心协力，密切配合，实现了一次又一次技术突破，铸造了一项又一项辉煌成就。他们为祖国的航天事业作出了巨大贡献，却淡泊名利，不计得失，将个人利益置之度外。

航天事业属于尖端技术领域，难度大、风险高、技术复杂，在发展历程中碰到过很多难题，经历过各种坎坷，甚至遭受过重大失利。以航天院士为代表的中国航天人，在困难和失败面前不动摇、不退缩，树立百折不挠、锲而不舍、脚踏实地、严谨务实的工作作风，不断攻坚克难、勇攀高峰，取得了一个又一个胜利，树立了一座又一座丰碑。

今天，在由航天大国向航天强国迈进的征程中，航天院士的科学思想、创新意识、坚定信念和爱国情怀是全体航天人宝贵的精神财富。中国航天科技集团公司和中国航天科工集团公司决定出版《中国航天院士传记丛书》，不仅是为了宣传航天院士的科研成就，总结航天院士的成长规律，更是为了传承航天院士的宝贵精神，使之生生不息、薪火相传，为“续航天梦、筑强军梦、圆中国梦”的伟大实践提供精神动力和思想源泉。

2014 年 1 月

序　二
Preface Ⅱ

中国航天事业创建半个多世纪以来，培养和塑造了一大批功勋卓著、德高望重的中国科学院院士和中国工程院院士。他们具有坚定的理想信念和强烈的爱国情怀，理论功底深厚，技术水平高超，善于引领科学发展和技术创新，在中国航天事业发展的关键时期发挥了重要作用，为中国航天事业取得辉煌成就、孕育航天精神作出了突出贡献。

为了全面、系统地总结航天院士的成长规律，把航天院士的科学思想和创新方法记录下来、传承下去，为中国航天事业积累精神财富，为航天强国建设提供有益借鉴，中国航天科技集团公司和中国航天科工集团公司研究决定，组织编写一套《中国航天院士传记丛书》（以下简称《丛书》）。

党的十八大描绘了坚持中国特色社会主义道路、全面建成小康社会、实现中华民族伟大复兴的宏伟蓝图，同时也为加强国防和军队现代化建设、推进我国由航天大国向航天强国迈进指明了方向。在中国航天事业“续航天梦、筑强军梦、圆中国梦”的新形势下，出版这套《丛书》，具有重大的现实意义和深远的历史意义。

记载航天历史。航天院士是中国航天事业的宝贵财富，他们的成长历程反映了航天事业的发展轨迹。这套《丛书》不仅是航天院士个人的传记，也从不同侧面记载了中国航天从技术到管理、从思想到精神的真实历史。

弘扬航天文化。宣传航天院士，就是站在科学的高度，向社会各界全面宣传航天事业，弘扬航天文化，使其成为中华民族文化宝库的重要组成部分，增强中华民族的自信心、自豪感和凝聚力，提升国家的软实力。

传承航天精神。航天精神是包括航天院士在内的几代航天人，在中国航天事业发展历程中，不断积累、提炼、传承而逐渐形成的，是民族精神、时代精神与航天实践相结合的产物，是中国航天事业之魂。《丛书》全面反映了航天院士的学术成就、科学作风和思想品格，有助于航天精神薪火相传。

培育航天人才。中国航天事业已经完成了新老交替，一代航天新人正在茁壮成长。《丛书》是泽被后世的人才工程，对于培育航天人才、发展航天事业、铸造新的辉煌将产生积极的促进作用。

总之，《丛书》是一套具有航天特色的爱国主义教材，是不可多得的精神食粮。相信这套《丛书》的出版发行，必将吸引更多的年轻人热爱航天、投身航天、奉献航天，以饱满的热情和昂扬的斗志再攀高峰，使中国航天事业后继有人，蓬勃发展，续写辉煌。

2014 年 1 月

目 录
Contents

第一章

人杰地灵　涵育英才

人杰地灵的出生地和父母的言传身教，使得黄培康自幼深受中华传统美德和文化的熏陶，培养了他老实做人、认真做事的品格和勤奋好学的精神。

1935年9月28日，黄培康出生于江苏省南汇县新场镇（现属上海市浦东新区）。父亲黄再香，江苏南汇人。母亲詹忖心，安徽徽州人。作为中国历史文化名镇之一的新场镇，地灵人杰，孕育并造就了无数人才。若干年后，中国工程院院士黄培康又为新场镇地方志书写下了浓墨重彩的篇章，他报效祖国、献身中国航天事业的辉煌人生，就从这里启航。

1. 新场第一镇

南汇属浦东，地处长江三角洲腹地。古时，长江水出海后与钱塘潮交汇，折旋而南。交汇处渐成陆地，陆名“南汇嘴”。陆地渐大后成为县治地，县名为南汇。

新场为南汇一镇，古时盐业发达，以盐建镇，镇上商贾云集、市井繁荣，古有“浦东十八铺，新场第一镇”之誉。新场镇为中国历史文化名镇之一，解放后，历经多年建设，被授予“全国环境优美乡镇”“国家卫生镇”等称号。新场镇四面环河，傍水而居，是“枕着小河睡觉，听着雨声入梦”的江南水乡。春三月里，油菜花香，小麦青青，春雨绵绵，小溪潺潺。如诗如画的江南水乡

上海南汇新场古镇

孕育灵气，造就人才。

据清光绪年间的《南汇县志》记载，新场镇人文蔚起，科举两朝称盛。据统计，仅明清两朝，新场镇考取进士与举人的就有 60 余人。

自从上海开埠、成为大都市之后，浦东农民跨过黄浦江，到上海打工谋生、养家糊口；浦东学子跨过黄浦江，到上海学习进修，进好学堂，学新知识。

由于这种得天独厚的地理环境和深厚的文化底蕴，在中国近代史上，浦东地区人才辈出。远的有革命家张闻天、教育家黄炎培、翻译家傅雷等，他们在各自领域都作出了突出贡献；近的有新场籍三院士：叶培大、唐有祺和黄培康，为我国科学技术发展作出了重要贡献。这一镇三院士，在南汇乃至全国乡镇都是十分罕见。

黄培康与年长于他的叶培大和唐有祺一起，传承并发扬了浦东新场的文化，以不同的方式、从不同的角度书写了各自传奇的人生。

2. 老实浦东人

黄培康先祖源自江夏，曾落户江苏松江，后来才迁至浦东。黄氏家族中人才辈出，黄培康与中国近现代爱国主义者和民主主义教育家黄炎培同根同

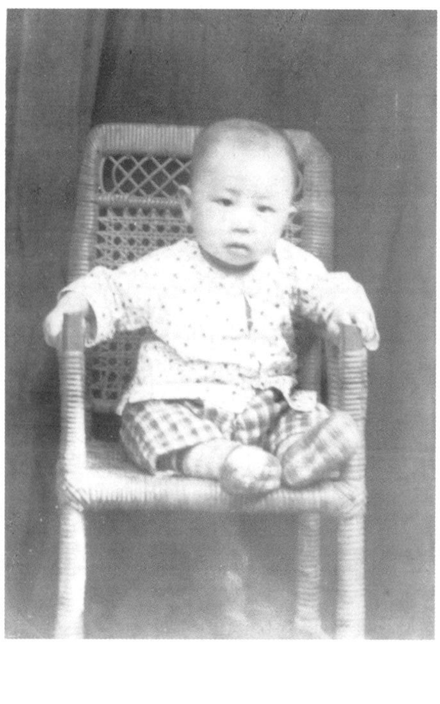

1936年6月，9个月的黄培康

族，黄炎培一支植于江苏省川沙县，而黄培康父辈一支植于江苏省南汇县。

20 世纪 20 至 30 年代，上海掀起了一股淘金热。海外冒险家来了，具有经商头脑的宁波人和苏北人来了，浦东人更是捷足先登，抢滩上海各行各业。浦东人的影响无处不在，就连上海本帮戏沪剧也是浦东的腔调。解放后，上海人民广播电台著名的一档本地话节目，主播说的就是浦东话。

有人说浦东人就是上海的原住民。无论上海怎样变化，怎样发展，浦东人却依旧保持着“老实”的本色。

黄培康的父亲黄再香就是如此。

黄氏家族的老宅居于新场镇中大街，老宅分南北两房，南房人丁兴旺，黄再香属南房长子，而北房仅有两个寡妇守家，后来家族决定将黄再香过继给北房，立嗣为子，继承祖业。解放前夕，两位祖母相继去世，因此，由黄再香继承了约六十余亩田地、十多间房子。

黄再香 13 岁时就远离父母到上海当学徒学生意。先在堂兄的带领下到上海大昌绸布行打工，当了五年的学徒学会计，出徒后一直忠于职守，陆续在上海

1956年，黄培康（右）大学毕业时与父亲合影

永生钱庄、中国疗养院上海分院、上海同德进出口行等单位当会计，最后在上海化工进出口公司会计岗位上退休。

退休后，黄再香又在上海浦东周浦镇工人俱乐部当了18年的义务会计。全镇工会的账目较为复杂，黄再香管理得井井有条。工会多次想补助黄再香，都被他拒绝了，最后给他订了一份报纸，作为报答。由于工作出色，黄再香多次被评为先进工作者。黄再香在北京辞世后，工会主席代表工会从上海发来唁电，以致悼念。

黄再香从学徒到会计，从私营到国营，工作了47年，加上退休后18年的义务工作，黄再香一生当了60多年会计，可以说是两袖清风，清清白白。

“常在河边走，从来不湿鞋”。黄父曾对子女说：“公家的账务不能少一分，也不能多一分。”不仅账务绝对不能含糊，他甚至把公家的事和个人的事也严格划清界限。有次黄母路过工会，想找黄父把一张大额票换成小额票，方便买菜。黄父知道她的来意后拒绝了，并表示，要公私分明，不能动用公家一分钱，换钱也不行。其认真和执着程度可见一斑。

“文化大革命”初期，抄家风盛行一时，由于历史原因，黄家也被波及。被抄家后的第二天，黄再香一声不响地乘车前往上海市区的大女儿家，将他退休时得到的一笔退休金及用积蓄买的首饰之类的所有财物，全部拿回家送到“红卫兵”办事处。随后给在外的每个子女写了一封信，说：“你们都是党员、国家干部，我一生没有做一件对不起国家、对不起你们的事，你们放心！”

老实人做老实事，说老实话。在上海流行一句话：老实浦东人。黄再香就是浦东人中的老实人。父亲这种敦厚老实、严于律己的宝贵品质深深地影响了黄培康。

3. 一屋读书声

黄培康母亲詹忖心，自幼跟随父母来上海打工经商，小时居住在南汇县周浦镇。

詹忖心在家中排行老小，娴静温和，聪明伶俐，生性好学。小时候，她的大哥在上海东方旅社工作，较为精通英语。大哥与詹忖心玩耍时，随意教了她26个英文字母和一些常用的英语对话，没有任何基础的詹忖心，却用心记住了，直到晚年，她依然记得大哥教给她的那些英语。

母亲詹忖心生性好学的品性影响着黄培康的求学和成长。

虽然是旧时代的女性，詹忖心却有胆有识，很有正义感，富有同情心。上

1960年，黄培康（中）与父母合影

海解放前夕，黄炎培之子黄竞武被国民党杀害，其妻胡维慎是詹忖心小学的同班同学。当时，国民党垂死挣扎，白色恐怖十分严重，在别人躲还来不及的情况下，詹忖心却不顾他人的劝阻，执意要去看望并安慰黄炎培的家人。

她的正义感、勇气、义烈和情义，不仅极大地抚慰了被害者家属，也深刻地教育和影响了自己的子女。

在那个年代，女性鲜有受教育的机会，詹忖心却幸运地上了几年学，还念了幼师补习班，最后当上了老师，教了几年书。她为人知书达理，宽厚仁慈，教过的学生都非常尊重和喜欢她。

一次，在故乡新场镇，黄培康陪母亲外出散步，路过一座庙，出来一位师太，轻轻地说："詹老师，久未相见，请进来稍坐。"原来师太是黄母教过的学生，数十年过去了，还念念不忘师生情谊。

母亲是孩子的第一任老师。詹忖心对黄培康的教育虽然话不多，但明智达理，为黄培康启蒙了中华民族的传统美德与文化。

在黄培康小时候，南汇田连仟佰，河网交叉，出行很不方便，交通主要靠走路和乘船。因交通不便，黄父每年只能回家一次，照顾、教育和培养孩子的担子全都落在了黄母身上。正如戏曲名家韩再芬主演的黄梅戏《徽州女人》所歌颂的那样，詹忖心深明大义，勇挑重任，以柔弱的肩膀为孩子们撑起了一片天。

往往到了晚上，煤油灯下，母亲在缝补衣服，一群稚童围在煤油灯周围，有的读书，有的写字，有的做算术，屋内弥满着一股书香气。这正是：

屋外一池春水，满湖青蛙争鸣；

屋内一盏灯下，满屋稚童苦读。

黄培康在爱学习、求进步、重美德的家庭氛围中得到了很好的熏陶。

黄母十分钟情于教师职业，她觉得老师教书育人，桃李芬芳，造福社会，功德无量。因此，黄母希望孩子们长大后能以教师为职业。

想不到，这种情结，日后在家庭中潜移默化地产生了深刻的影响。后来，黄培康成为博士生导师，教书育人。二姐黄琪芳，师范学校毕业后，在上海新沪中学当老师。大妹黄逸芳，师范学院毕业后，在徐州一中当老师。小妹黄培芳，在新疆石河子第四机床厂子弟学校当老师。大弟黄培强，南京大学气象系毕业后，在南京空军气象学院当老师、教授。在黄培康家中，当老师的还有大姐夫、二姐夫、大妹夫、大弟媳、二弟媳，加起来，一门十师，为国家培养了无数栋梁。

1995年，黄培康（左四）在家乡与兄弟姐妹合影

4. 人生第一课

有了两个女儿之后，黄母才生的黄培康，其喜爱之情可想而知。虽是心头肉、掌上珠，但她从不溺爱黄培康。

黄培康上小学六年级时，一天下午，逃了两节课，与表兄等人，到乡下摘桑葚去了，回家后又说了谎话。黄母知道后极为生气，罚黄培康对着墙壁站了两个小时。余怒未消的黄母还对黄培康说："记在你的账上，看你一生说几次谎话。"这一堂人生课，黄培康铭记在心，从此再也没有说过谎话。

的确，人生是一本账。黄培康的这本账，第一笔是慈母苦口婆心的启蒙。没有慈母的谆谆教诲，哪有后来的精彩人生。

人生也是一次远航，黄培康的远航，第一位舵手也是母亲，她把握住了港湾里的启航，给了整个航程一个良好的开端。

黄培康人生第一课的内容是要老老实实做人，老师是黄母和黄父。黄母挂在嘴边的两句话是"一辈子要诚实"和"一事诚实容易，一世诚实就难"。而黄父用他老老实实做人、踏踏实实做事的一生，为黄培康树立了良好的榜样。

经过父母的启蒙教育，黄培康不到5岁便报考了著名的上海喇格纳小学，并因在黑板上默写了"學校"两字而被录取，比一般儿童早入学两年。

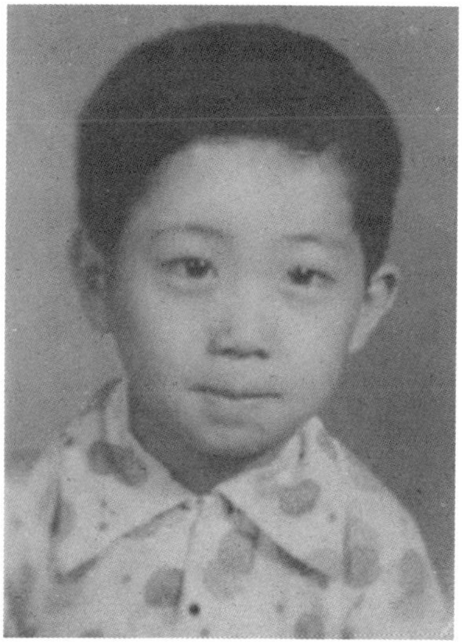

1940年，不到5周岁，考入上海喇格纳小学的黄培康

喇格纳小学是由法国人创办的。当时上海对外开放后，外国人到上海开工厂、建银行、办学校，带来了许多新的思想和教学理念。在新思想的熏陶之下，黄培康接受了良好的早期教育。

黄培康

黄培康院士传记

Academician Huang Peikang's Biography

第二章

朝气蓬勃　少年长成

朝气蓬勃、勤奋上进的黄培康从小学到大学一路走来，接受的都是优质教育，学习成绩优秀，为他的科学报国事业奠定了坚实的基础。

对黄培康来说，这是一个最好的年代。旧世界摧枯拉朽，新中国百废待举、蒸蒸日上。在旧文人辗转反侧、左右彷徨的同时，生在旧社会、长在红旗下的黄培康，毫无悬念地对新中国充满了信心。“一切为了祖国”“不虚度人生”等人生哲学，激励着黄培康在求学路上大步前行，为以后科学报国奠定了坚实的基础。

1. 学在新场镇

初小毕业后，黄培康回到新场镇小学继续学习，并以优异成绩升入新场镇乐育中学。

乐育中学始建于1914年，前身是达明女校，开始是一所私立的初级学校，办学宗旨为“培育有用人才为人间乐事”。该校致力于培养学生成为“明理至真、明德至善、明趣至美、明识至智”的“达明人”，后来转为公办学校，更名为“新场中学”。

黄培康在小学、初中学习期间，成绩非常优秀，为人也很好，受到老师的青睐和同学的喜欢。这段时期给黄培康留下了非常美好的回忆。

黄培康记得新场小学老师李锦维，课讲得好，非常生动，经常在课上讲一些故事，寓教于乐，深受同学们喜爱。课下李老师也很关心黄培康，经常借书给黄培康阅读。

有一次下雨，黄培康回不了家，李老师还招呼黄培康一起吃饭，像大姐姐一样关心黄培康。

黄培康同样记得少年时的好朋友。有一些童年知交如滕佐成、张有经等，一交往就是70多年，至今还经常互通信息，互致问候。众多好友解放后都参了军，大家情投意合，一有机会，就相约相聚，畅谈人生。

新场中学举行2014年百年校庆时，年近八旬的黄培康从北京飞赴母校祝贺。一向不愿题字签名的黄培康，为百年母校留下了“春风化雨，惟愿桃李芬芳”的祝愿，也表达了对母校的深深谢意。

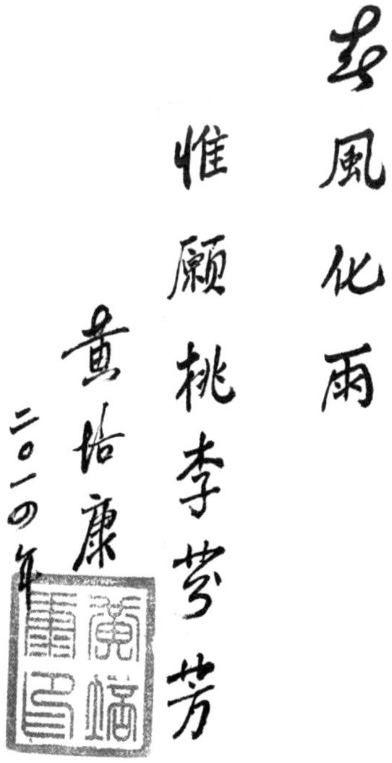

黄培康参加新场中学百年校庆时为母校题词

让黄培康感慨万千、激动不已的是，遇见了许多近七十年未见的老同学。时光仿佛倒流，黄培康与他们就像昨天还在教室一起上课一样，聊着许多小时候的故事。

黄培康拿出珍藏了几十年的中学同学毕业通讯录，那张陈旧的黄纸上记载着所有同学的名字和毕业去向，黄培康一一向老同学们询问其他人的现状。在得知一位曾经失去联系的好友，现在腿脚不便不能参加校庆时，黄培康便与几名老同学相约前往其家中探望、叙旧。

2. 壮哉上海中学

百万雄狮过大江，正义之师所到之处，摧枯拉朽，拨云见日。

1949 年，上海解放。上海人民结束了水深火热的寒冬腊月，迎来了当家做主的温暖春天。在这个春天里，14 岁的黄培康初中毕业，这时，他的人生处在了一个交叉路口。

在家人眼里有两条路，一条路是继续上学，另外一条路是走父亲的老路，到上海当学徒做生意。

继续上学，说起来容易，却有现实的困难。那个时候，南汇没有高级中学，继续上学，要么去松江，要么去上海，两地距离都很远，交通不便使得家人对 14 岁的黄培康有点不放心。

如果走父亲的老路，到上海当学徒做生意，早日成家立业，也不失为一种人生选择，大多数人就是这么走过来的，但黄培康从小聪明，如果就此放弃，实在可惜。对此选择，家人很舍不得。

当时，上海刚刚解放，呈现出一派欣欣向荣的新气象，迎来了百业待兴的建设高潮。

见多识广的大姐、大姐夫以及善于接受新事物的二姐都认为，弟弟应该到

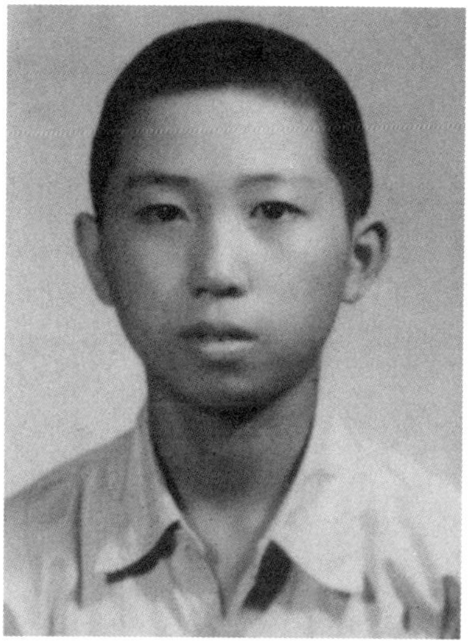

1949年，考入江苏省立上海中学高中理科班的黄培康

上海考一考，看考试结果再作决定。

于是，在暑假里，黄培康到上海报考了杨京中学和江苏省立上海中学。结果，考试成绩非常优秀，两所学校均要录取黄培康。尤其是上海中学，在学校当年第二次招考时，全上海考生有 2000 多人，仅仅录取 80 人，而黄培康成功考取了。

全家人非常高兴，都支持黄培康到上海中学去上学。从此，黄培康告别了生他养他的新场，走上了多彩的人生道路。

在黄培康家中，母亲是传统女性，而二姐黄琪芳是位时代女性，脑子聪明，思想进步，接受新事物很快。黄母由于孩子多，忙于家务，在外照顾黄培康的一些事情就由二姐来承担。黄培康不到 5 岁，就由二姐领着去小学报到上学。这一次，又是由二姐领着黄培康去上海中学报到。一路走来，正是这位黄培康一生敬佩的二姐，他幼年的榜样和带领者，把黄培康从农村领到了上海，走上了人生大道。

从南汇新场镇到上海中学所在地徐家汇，路途较远，当时公路交通不发达，黄浦江还没有河底隧道，一路上要走路、乘船摆渡、坐车。从未出过远门的黄培康，在二姐的陪伴下，离开农村，走向城市，来到上海中学，开始了新的人生。二姐对黄培康的照顾，让他一生铭记在心。

当风尘仆仆的姐弟俩来到注册教室时，接待老师看到当时年仅 14 岁、个头不高、满脸稚气的黄培康，误认为是初中部的新生，就说："小弟弟，请你到初一新生那边去排队"。经过二姐解释，老师和现场的同学这才知道，原来这么小的孩子，能在 2000 多人中脱颖而出，考取上海中学，真是了不起！

上海中学作为江南四大名校之一，历史非常悠久，其前身是创立于 1865 年（清朝同治四年）的龙门书院。到黄培康上学时，经过 80 多年的积淀，上海中学已拥有非常优良的学风和前沿的教学管理方法，吸引了一大批优秀教师，为国家培养了一大批栋梁之才。

上海中学，不仅注重当前的学习成绩，更着眼于未来的人才培养，要求学生德智体美全面发展。高质量的教学，使得英才辈出，享誉海内外。

历届校友中，担任过党和国家领导人及省部级以上领导的有百余人，两院院士 50 余人，中国人民解放军将领 30 余人。其中，著名的两院院士有于光远、严济慈、屠守锷、杨嘉墀、陈德仁、屠善澄等。

一个中学竟然培养了这么多人才，其原因是多方面的，取决于它先进的教育理念、优良的校风、优秀的生源，但更重要的是，上海中学具有一支任劳任怨、素质出众、忠于教育的教师队伍。

黄培康求学上海中学期间，上海中学教师队伍英才荟萃，拥有社会上知名的十大名师，他们分别是余元庆、余元希、杨逢挺、顾锦城、徐子威、褚忻、

上海中学龙门楼和先棉堂教学楼

朱凤豪、娄博生、顾巧英和唐秀颖。当时全国中学生通用教材，如代数、几何、地理、历史等教科书，不少是上海中学的老师编著或参与编写的。老师们不仅学养深厚，而且也很注意学习和研究心理学和教育学。

唐秀颖老师是黄培康在上海中学的班主任，同时也担任数学老师。唐秀颖老师毕业于中央大学数学系，抗战期间，曾执教于南开大学。她教学经验丰富，循循善诱，使学生既能学到知识，又提高了学习能力。她很注重教学方法，反对死记硬背，要求学生活学巧记。

一次，唐老师讲到圆周率时，教大家如何巧记小数点后长达23位的圆周率，聪明的黄培康很快就掌握了技巧，直到现在依然记得。

唐老师虽是数学老师，但英语极好，口语发音准确、声音清脆。在学生的要求下，唐老师有时用英文讲课，通过流畅的英文和极富感染力的语调，更能够吸引学生们的注意力，使学生既学到了数学知识，又提高了英语水平。

黄培康在唐秀颖这样一位教学水平高、又充满人格魅力的老师的教导下，

1980年，唐秀颖老师（右四）率团到英国进行考察

受益匪浅，也为他日后的发展打下了深厚的数学基础。

曾任国家教委主任的朱开轩也是上海中学唐老师的学生，他曾写过一篇《校园抒》，里面写道："过去上海中学的师资一流，特别出名的是四位数学老师，唐秀颖老师就是其中一位。她水平高，为人更好。上她的课，根本开不了小差，因为你的思想会被她紧紧抓住，被她深深吸引住。德高望重的她桃李满天下。"

唐老师对学生非常好。上海中学是寄宿制学校，学生周末才可以回家，黄培康家在远郊的南汇新场，周末基本上都不回家，往往一个学期才回家一次。唐老师对这个年纪较小、头脑聪慧、成绩优良、性格阳光、周末不回家的黄培康尤其关照和怜爱，经常去宿舍问寒问暖，有时还会带着黄培康到附近的梅隆小镇去走走。这种母亲般的关怀，让黄培康充满敬意和感激。几十年后，已为人师的黄培康，回忆起求学经历时，恩师印象，难以忘怀，历历在目。老师传道授业的认真精神和关心爱护学生的情怀，对黄培康产生了潜移默化的影响。

做唐秀颖老师的学生是幸福的，拥有这样老师的学校是荣幸的。

3. 积极进取的人生观

建国初期，大学毕业生比较少，人才奇缺。作为后备栋梁的在校高中生，在国事急需之际，就会挺身一线，报效祖国。

1950 年，出于防空需要，苏联派专家到上海帮助我国培养航空雷达兵，在上海共抽调了五六十人去学习，其中在校的上海中学学生就有 39 人。他们成为新中国的第一批雷达兵。

朝鲜战争爆发后，上海中学师生积极投入到抗美援朝行动中，一些学生直接以参军的方式加入到保家卫国的行列。在 1950 年 8 月召开的报名会上，全校 1600 多名学生，有 726 人报名，最后有 205 人正式入伍，迈上了报国征途。

前方将士流血牺牲、保家卫国的壮举，感动并激励着黄培康，15 岁的黄培康也积极要求报名参军，但最终因为个子矮、体重轻，未能如愿。但这件事使黄培康受到了深刻的爱国主义教育，报效祖国的赤诚之心在年纪尚轻的黄培康心中生根、发芽，茁壮成长。

20 世纪 50 年代，上海中学还开展了红旗读书运动，指导学生阅读革命英雄故事和有关青年修养的书，让学生在书的海洋里，汲取思想养料，找到人生航向。

黄培康多次阅读《钢铁是怎样炼成的》，并做了详细的笔记。保尔·柯察金“一切为了祖国”“不虚度光阴”等人生哲学，也深深地激励着身怀报国之心、立志有为的黄培康，对他的人生发展产生了深远的影响。

黄培康在上海中学期间，还做了三年团报义务发行员。报纸发行工作，既繁又杂，没名也没利，做这项工作要有公益心、责任心以及耐心。小小年纪的黄培康，热心地为大家服务，任劳任怨，从不不计个人得失，自愿花费大量的时间和精力为同学服务、为团报出力，得到了老师和同学们的肯定，同时也磨练了自己的意志，提升了能力。

4. 与无线电的不解之缘

黄培康的一生与无线电结下了不解之缘。在中学时代，黄培康就喜欢无线电，自己动手组装简单的收音机。曾在《上海市上海中学毕业班学生一般情况报告》的“兴趣和爱好”一栏中，写下了“对科学实验感兴趣，如做小工艺（放大器、收音机、幻灯等劳作），对电学、无线电亦特别喜欢”的内容。后来上大学选择了无线电专业，参加工作后，更是一直从事与无线电相关的科研工作。

殊不知，这种缘分源自他在上海中学学习期间的一项课外活动。

上海中学在20世纪50年代初就组织学生开展课外科技小组活动，活动内容丰富多彩，涉及文学、历史、地理、化学、航模、测量、摄影、无线电等30多个科目。

黄培康在上海中学读的是理科班，侧重于物理、化学和数学，黄培康尤其对物理和电学感兴趣，他参加了以制作简单收音机为主的无线电科技活动。

黄培康的课外活动内容很丰富，除学习无线电知识外，还动手组装简单的收音机。从最简单的矿石收音机开始，黄培康装过单管机、三管机，等等。

与北京的西四电子元器件市场一样，上海芝罘路电子旧货市场也是电子器件的集散地。黄培康经常去淘心仪的无线电元件。虽然费时、费力、费钱，但他仍乐此不疲。

后来，他还装过真空管的电视机和高级三用表。三用表至今还保存着，而且还能用。

在课外活动中，黄培康的知识和技能得到了提高，也提高了独立思考、分析问题、解决问题并不断探索未知领域的能力。课外活动让黄培康对无线电产生了非常浓厚的兴趣，也激发了他探求各种无线电未知原理的强烈的求知欲，这也为他日后投身航天事业奠定了良好的基础。

而这一切都是源自于一个中学生的兴趣，由此可见，兴趣是理想的翅膀。

5. 难忘的大学生活

1952 年高中毕业后，黄培康顺利考取了山东工学院，选择了与电相关的电机系，开始了他无限向往的大学生活。

然而大学生活还没开始，便赶上了国家的“院系调整”。1952 年 6 月到 9 月，教育部在全国范围内开展了院系调整和专业设置等工作。调整后，全国许多高校被分解，按行业归口建立了专业性高校。

这次院系调整对黄培康有着非同寻常的意义。上海交通大学、厦门大学、浙江大学、山东工学院等全国众多高校的无线电工程专业被集中到南京工学院（今东南大学）。在山东工学院学习一年后，黄培康转入南京工学院的电信系（后

黄培康（右七）与同学们在南京工学院校门前合影

改为无线电工程系）学习，专业为通讯与广播。黄培康彻底圆了无线电梦。

经过这次“院系调整”，南京工学院几乎将全国的无线电教授和专家集中到了一起，担任教学科研工作。当时陈章、钱凤章、吴伯修、倪尚达、孙家昕、谢处方等著名无线电专家都是黄培康的任课老师，他们讲授数学、物理、电动力学、无线电工程等课程。黄培康在这些名师的指导下学习，如鱼得水，打下了坚实的理论基础。此外，由于成绩好，黄培康还当了好几门课的课代表。

倪尚达教授是我国著名物理学家、无线电教育的先驱，曾著书《无线电学》等，黄培康当过他的物理课课代表。倪教授专注于研究，许多课程安排由认真细致的黄培康负责提醒。

黄培康（右）在母校与谢处方教授（中）、林为干教授（左）合影

半个多世纪后，黄培康（左一）等探望孙家昕教授（中）并合影留念

孙家昕教授讲授“放大与整流”课程，黄培康也担任该课的课代表。因为在高中时黄培康装过矿石收音机、三级管收音机及超外差收音机，对“放大”和“整流”概念在感性上有所认识，所以听孙老师的课很容易掌握。孙老师对黄培康当课代表既中意，又放心。

吴伯修教授是电路专家，他讲授“无线电接收”课程，黄培康也是课代表，他很擅长搭起吴教授与同学们之间的桥梁。

黄培康（右二）在东南大学与吴伯修教授（左二）等合影

黄培康是一个眼里有活的人，看到老师教学任务重，除了做好课代表份内的工作，还主动帮助老师做教学方面的辅助性工作。由于工作出色、成绩优秀，在1954年和1955年大学阶段的后两年，黄培康连续两年被评为学院的三好生，受到学院嘉奖。1955年5月，黄培康光荣地加入了中国共产主义青年团。

在大学学习期间，黄培康与同宿舍来自五湖四海的另外7位同学，都非常优秀。彼此相互影响、相互学习、相互促进。在共同进步中，也建立了深厚的友谊。

谁也未曾想到，这个“学霸”宿舍多年之后，诞生了两位院士。一位是通信领域的张乃通，另一位就是空间电子领域的黄培康。

两位院士在宿舍里是上下铺的好兄弟。

黄培康的好学让张乃通记忆深刻："那个时候，我们宿舍一共 8 个人，我的成绩不如黄培康，他一直是用功型的，而我属于不下功夫的那种学生。"

事实上，这是张乃通院士的谦虚，张院士不但成绩优秀，而且工作能力很强，他是近 90 人的大班班长。

大学毕业后，黄培康与同宿舍好友张乃通都服从分配，并从此走上了不同的学术道路。在之后 20 多年的时间里，两人从来没见过面。直到 20 世纪 80 年代，两人都到了航天领域，事业交叉点越来越多，才得以重逢。之后见面的次数越来越多，每次见面都有说不完的话，从工作谈到事业，从学术谈到生活。虽然已经毕业几十年了，但两位老人依然惦记着昔日的母校。每逢校庆日，他们只要接到系里邀请的电话，都会欣然答应，回东南大学的校园里走一走、看一看。

在黄培康的求学路上，无论是小学、中学还是大学，他在班上都是年纪最小的，但他的学习成绩却始终很好，性格又很阳光，因此，老师和同学们都很喜欢他。

在黄培康的印象中，求学路上的老师，在课堂上都是优秀的老师，在课下都是慈爱的长辈，关心爱护着他。这种"慈爱教育"让他在快乐中茁壮成长，他在被人关爱的同时，也学会了关爱他人、帮助他人、体贴他人。

这种品质在日后的工作和生活中，使他不管走到哪里都受到大家的欢迎与爱戴，在做好人的同时，也做好了事。

大学毕业的时候，因老师们的欣赏和肯定，黄培康曾被校方挽留留校工作，但黄培康没有留下，他还有更远大的理想和抱负。

建国初期，百废待兴、百业待举。为迅速改变中国贫穷落后的面貌，1953 年，国家开始实施第一个五年计划。1956 年，国家又发出"向科学技术进军"的号召。中国迎来第一个科学技术的春天。

1956年，毕业于南京工学院（今东南大学）
无线电系的黄培康

1956年7月，南京工学院无线电工程系通讯与广播专业本科毕业生合影（四排左七为黄培康）

毛泽东主席高瞻远瞩，决定向苏联和东欧社会主义国家派出留学生，学习他们先进的科学技术和经验，并把这项工作纳入到国家科学教育发展规划之中。

20 世纪 50 年代到 60 年代，中国向苏联派出了近万名留学生。在这些学生中，有的是高中毕业后去读大学本科的，有的是大学毕业后去读研究生的。

1956 年 9 月，经过层层选拔，多轮考核，大学毕业的黄培康以优异成绩，获取了留苏的名额。黄培康满怀憧憬，坐上了一路北上的列车，来到北京俄语学院留苏预备部，学习了一年俄语，为留苏做着准备。

然而风云变幻，中苏关系恶化，使黄培康的留苏愿望未能实现。新的目标、新的机遇正在等待着他。

黄培康

黄培康院士传记

Academician Huang Peikang's Biography

第三章

献身航天　矢志报国

年轻的黄培康投入祖国的航天事业创建中，很快脱颖而出，成为一名出类拔萃的技术骨干，为击落U-2高空侦察机作出贡献，在防御武器研制中担负重任。

1956年9月，黄培康大学毕业。时任南京工学院院长的汪海粟评价黄培康说："确有培养前途"。带着母校的期望，黄培康来到北京，来到北京俄语学院留苏预备部，学习俄语。由于中苏关系有变，留苏未能成行。1957年9月，黄培康被分配到国防部第五研究院（简称"国防部五院"）工作。1957年11月16日成立第五研究院二分院时，黄培康又来到二分院工作。从此开始了他为我国航天事业发展和国防现代化建设殚精竭虑、拼搏奋斗的辉煌人生。

1. 雷达室里的年轻人

1957年12月，国防部五院二分院调整组织了12个研究室，其中五室为雷达设备室，黄培康就被分配到雷达设备室工作。1958年，该室刚成立时，全室共5人，室主任是冯世章，副主任是张履谦（后被评为中国工程院院士）。黄培康是工程组副组长，当时年仅22周岁。

黄培康是幸运的，他来到雷达设备室工作，可以说是专业对口。在大学里，他师从陈章、倪尚达、钱凤章、吴伯修、谢处方等我国早期的电子学专家，学到了国内一流的无线电技术。而无线电技术是雷达技术的基础，扎实的基础，

1957年，开始一生献身于中国航天事业的黄培康

对于他后续的发展极为有利。在冯世章和张履谦的点拨下，黄培康很快就深入到了雷达技术的研究中。

他参加了1958年的全国新体制大型雷达大会战，参加单位有西安军事电讯工程学院、哈尔滨军事工程学院及国防部五院，会战地点在西安军事电讯工程学院。会战期间，黄培康有幸结识了毕德显等国内顶尖的雷达专家。在他们的指点下，黄培康既学到了雷达技术新知识，又开阔了视野。

语言优势也使黄培康对雷达技术的学习与研究如虎添翼。当时英国、美国、法国、德国和苏联的雷达技术发展很快。现场翻译从容自如的俄语水平，在高中和大学打下良好基础的英语水平，以及通过自修已经达到一定程度的德语水平，使得黄培康能够在公开发表的外文杂志和专著上接触到最新的雷

1958年，在冯世章带领下，从事我国首部单脉冲大型雷达研制的国防部五院研制队伍（右二为黄培康）

1959年，黄培康（右四）与国防部五院、西军电、哈军工联合攻关组部分人员合影

达技术。这一切使得黄培康在学习雷达技术时起点很高，眼光很远。在20世纪50年代末，黄培康就已经考虑导弹寻的导引头上采用单脉冲体制了。

温文尔雅的冯世章和张履谦都很器重黄培康，对他进行了悉心培养。在1958年给黄培康的鉴定上，冯、张写道：黄培康纯洁，政治立场明确，理解力强，工作能钻研，有一定的独立工作能力。

2.“第一工程组长”

1960年，正当我国仿制苏联防空导弹“萨姆-2”的工作刚刚铺开之时，赫鲁晓夫单方面撕毁协议，撤走专家，终止了对我国的一切援助，给仿制工作带来了极大的困难。

在此关键时刻，二分院党委召开扩大会议，正营级以上党员干部120多人出席了会议。到会同志对赫鲁晓夫的背信弃义无比愤慨，决心自力更生、发愤图强，加快我国导弹事业发展，并提出要压缩仿制战线，加强自行设计战线，加速老“红旗一号导弹”的研制步伐。

会后立即调整了任务，在自行设计方面，于1960年9月16日成立了老“红旗一号导弹”型号设计委员会，钱文极任主任，吴展任副主任，并集中主要技术力量，从事老“红旗一号导弹”的设计工作。

老“红旗一号”导弹的方案论证与设计工作由一、二分院共同负责，分工进行。从1960年9月到1962年5月，先后参加该项工作的技术人员达

1200多人，进行了多方面的方案研究和技术攻关工作。

那段时间，黄培康领导了一个工程组，从事老“红旗一号”导弹末制导导引头的研制工作。他吸取 P П-5 雷达和“海鹰一号”导引头的特点，自行设计研制老“红旗一号”导弹末制导导引头，这是我国第一个自主研制的导引头。为攻克难点，工程组分成6个专业攻关组。

黄培康领导的工程组研制出初样，并进行了整机联调。黄培康自己负责总体设计和微波部分的研制。

黄培康领导的工程组有90多人，其中，留苏回国的优秀人才就有6人，该工程组不但人多，而且实力强大。故当时誉称黄培康是二院“第一工程组长”。

1960年11月5日，仿制苏联P-2地地导弹的“1059”发射成功。据此，聂荣臻副总理说：“‘1059导弹’的仿制路子走对了，‘萨姆-2’导弹的仿制工作也要走下去。”“1059”导弹”的仿制成功，加速了我国导弹武器研制工作的仿制步伐。当时，航天系统任命了包括黄培康在内的首批年轻工程师，称之为“1059”工程师。

同时，经过一年半的论证和实践，认识到老“红旗一号”导弹的战术技术指标过高，脱离了我国当时的工业能力和技术水平，随即停止了老“红旗一号”导弹的研制工作。

3. 西出阳关初显身手

20世纪60年代，当时世界上最先进的U-2高空侦察机不断窜入我国大陆上空进行侦察活动，我空军地空导弹部队先后共击落5架U-2飞机，开创了世界上击落U-2飞机的最高纪录。

U-2飞机飞行高度高于20km，当时我空军尚无对付这样高度的战斗机，因此，防空导弹成为当时唯一对付U-2飞机的重要手段。

U-2飞机根据战时需要，不断更新和加装电子干扰设备，我军每加装一个抗干扰设备，U-2飞机就立即作出反应，更新出新的干扰方案。双方针锋相对，斗争极为激烈，我导弹防空部队与U-2飞机的整个战斗过程主要是电子干扰和抗干扰的斗争过程。

研究和制造防空导弹的总体单位是国防部五院二分院，在1963年年初，二分院成立了应急抗干扰联合小组。

该小组主要由二分院二部和23所的有关同志组成，在二部办公。成员有路平、姬国良、黄培康、陆怡放、陈恕甬、丁家禄等。路平任组长，姬国良、黄培康任副组长。黄培康同时还兼任总体组组长。

针对U-2飞机的干扰情况，小组先后制定了多种抗干扰措施。措施分为两类：一类是速效性的，能在阵地上进行，办法简易可行，既能抗干扰，又不降低原有作战性能；另一类是长远的，能从根本上提高抗干扰效果，并能应用于后续自行研制的“红旗二号”导弹上。

针对U-2飞机使用过的不同电子干扰，经过小组成员近一年的科学论证和讨论，提出了不同的应对措施。其中主要措施是由黄培康、陈恕甬、陆怡放等提出的“发射天线不扫描”和“波形切割”方案。他们详细计算了天线叉波束接收天线角灵敏度和角跟踪精度，成功研制出新的 K73 角跟踪组合，改装了制导雷达车的接收机柜和 K 机柜，经实验室对接试验成功，再到外场做外场飞行试验。这些抗干扰措施后被空军主要归纳为“近快战法”和“照射天线法”。实际技术内容很复杂，难度也很大。

大型抗干扰飞行试验是在 1964 年 10 月 ~1965 年 3 月，由二分院二部牵头组织的代号为“306”的试验，历时约半年。参加单位有二部、23 所、试验基地、空军导弹部队试验部，共 100 多人。路平任试验队队长兼党支部书记，黄培康任试验队副队长兼总体组组长，并负责设备押运、试验项目安排、试验任务协调等工作。

试验目的有两个：一是评估干扰作用下的“萨姆 -2”导弹工作状态；二是对改装后的雷达系统和各类抗干扰措施一一进行原理性飞行试验，重点是按“照射天线法”方案，做角跟踪和制导精度试验。

空军地空导弹部队采用“照射天线法”打 U-2 飞机时，刚开始屡次失利，领导下令拆除了增添的“松九”天线。简单地换天线的“照射天线法”证明不行，黄培康决定用“231”小组新研制成功的 K73 角跟踪组合和 K 机柜加“照射天线”新方案做外场试验。

这次试验动用了空军的一个中队，使用了各类杂波干扰、消极干扰和回答欺骗式干扰。重点是释放模拟 U-2 飞机的各类逼真的欺骗式干扰，评价“萨姆 -2”导弹制导站改装前和改装后的反干扰效果。

试验圆满成功，并有一个意外收获。在基地进行试验阶段，一架 U-2 飞机进入兰州上空，并释放回答欺骗式干扰。在此干扰下，地空导弹二营连发 3 枚“萨姆 -2”防空导弹，均未能击中 U-2 飞机，战斗失利。306 试验队发现这不仅仅是更换一个发射天线的问题，而是需要对天线叉波束进行重新设计，更需要研制新的角跟踪支路，于是就请空军指战员和地空导弹二营的同志来基地进行专题讨论。意见统一后，没有等飞行试验结束，抗干扰试验小组就及时将改造后的装备送往部队，不出所料，导弹一营于 1965 年 1 月 10 日，用新改装的“照射天线法”装备，在内蒙古萨拉齐上空，成功击落了第 4 架 U-2 飞机。

回忆起 50 多年前的押车历程和试验过程，黄培康历历在目。

试验密级很高，条件十分艰苦。押运设备的闷罐车享受机要车的待遇，需要带枪押运。

列车快到甘肃天水时，前面发大水，造成山坡塌方，阻断了铁道，火车无法通行。两天后，铁路抢通无望，黄培康押着设备又回到了北京。这趟返行有点青涩，吴展主任手把手地教他：“应该原地打电话请示，想办法改由宝鸡空运至试验基地。”黄培康在实践中得到了锻炼。

基地的严寒也令黄培康一生难忘。这次试验的时间恰好是一年中最冷的季节。西北戈壁滩滴水成冰，哈气成雾，奇冷无比，不小心用手触摸机身，就会被粘掉一层皮。黄培康手上和脸上都长了冻疮，冻疮热时痒，冷时痛，好了还会留下一块疤痕。一块“大漠之痕”，也为黄培康留下了永久的纪念。

另外，在试验过程中，黄培康切实感受到了空军同志“严谨、严密、严肃”的三严作风。空军人员贯彻三严作风中的两件小事，让黄培康铭记一生。

第一件事，有一次执行飞行任务回来，地勤人员检查机器时，发现无线电机柜的盖板没有了。地勤人员说，一定要找到。找了一个多小时，发现盖板掉在了飞机驾驶杆联接轮旁边。地勤人员说，这是极其危险的，极有可能导致飞机操纵失灵。

按规定，黄培康等人作了深刻检讨，但也记住了教训：“对上飞机的仪器来说，如需要适时启动盖板，则盖板的固定不能采用卡扣式的。”

另外一件事，有一次，飞机要执行飞行任务了，地勤人员按惯例检查飞机，发现少了一块擦机柜的抹布，地勤人员说，一定要找到，否则不能起飞。寒冬腊月，机场正刮大风。全体人员整整找了两个小时，终于在天黑的时候，在几十米外的跑道边缘找到了这块抹布，悬着的心才放了下来。

4. 防御武器担重任

20 世纪 50 年代，出现了带核弹头的中远程弹道导弹，成为继战略轰炸机之后的新的战略进攻武器。自此之后，对战略弹道武器的防御，便成为国土战略防空的一项新任务。

1963 年 12 月，毛泽东主席针对美苏的核讹诈和核垄断提出，我国“除搞进攻性武器外，还要搞些防御武器。”1964 年 2 月 6 日，毛泽东在接见国防部五院副院长钱学森时，对于防御武器又明确指示：“有矛必有盾，搞少数人有饭吃，专门研究这个问题。五年不行，十年；十年不行，十五年。总要搞出来的。”

毛主席的这段指示使研究、研制防御武器在一段时间里被列为国家的重点任务，而且对我国后来武器装备的发展也产生了深远的历史影响。

二院作为防御武器的总体研究院，自 1964 年开始组织队伍，到 1978 年任务下马，十几年间在该领域武器系统的研究、研制方面做了大量的工作，进行了许多有益的探索，取得了一批重要的研究成果，科技队伍也得到了很大的锻炼，对防御武器系统的技术特点和难点有了非常深刻的认识，这些对于我国航天事业的发展都具有积极意义。

但由于系统工程庞大、设备复杂、技术新、难度大，与当时国内的工业技术基础和经济力量不相适应，加之十年内乱，初步建立起来的航天科研管理体系和规章制度遭到严重破坏，使工程的研制工作步履维艰。

1978 年 6 月，中央专委会议同意二院把主要力量放到进攻性武器研制上，防御武器由型号研制调整为探索和预研。

黄培康是最早参加防御武器研究、研制的技术骨干之一。

1964 年 4 月的一天，时任国防部五院副院长的钱学森找到二分院院长张怀忠（后任七机部副部长、一机部副部长）少将，拿出一张上面写着 8 个人名字的纸条，说要抽调一批人搞防御武器的规划。

张怀忠接过纸条，未看内容就先问：“您就是这一次抽调骨干，还是以后要抽好几次？”钱学森说：“就是这一次。”张怀忠便回答：“不看了，全同意。”

这张纸条上写的防御武器规划小组，第一个就是时任二分院二部四室主任的宋健，其他七个人分别是李岩、杨国华、黄培康、陈世年、邵公正、赵元盛和齐占春。当时，黄培康只有 29 岁。

那一段时间，黄培康正全身心地投入到对抗 U-2 飞机的抗干扰研究工作中，是院抗干扰联合小组的副组长兼总体组组长。1964 年 8 月，又作为大型抗干扰飞行试验队副队长兼总体组组长赴靶场开展试验工作，直到第二年 3 月，才顺利完成任务回到北京。

那时候，二分院已在防御武器规划小组的基础上成立了代号为“502”的研究室，宋健担任室主任。

黄培康从试验基地回到北京休息了一个星期后，宋健就找他谈话，通知他到室里上班。黄培康便正式参加了防御武器的总体技术工作。

一个月后，在502室的基础上成立了711所，由第七机械工业部（简称“七机部”）直接领导，工作地点也搬到了七机部直属机关边上的一个招待所里。

在这段时间里，钱学森每周星期三上午都会来研究所指导并检查工作。

又过了两个月，部领导发现仅仅靠这些骨干人员还远远不够。为了充实力量，以711所为基础，成立了二院26所，承担整个防御武器的技术总体和某防御系统的研制任务，工作地点搬回永定路。

26所设立了四个研究室和一个车间。宋健任副所长（主持工作），黄培康担任第三研究室主任。宋健明确三室的任务是：防御武器地面制导系统的总体设计、指挥所的设计及部分设备的研制。

作为国家重点任务，其系统庞大、技术复杂，承担单位横跨多个工业部门，有人称之为“尖端中的尖端”。武器的拦截技术途径就有三种，加上预警系统和目标识别，同时开展研制工作。

地面制导控制和作战指挥系统是整个防御武器系统的大脑和神经中枢，其研究设计的复杂程度和工作难度是显而易见的，担当起这样一副技术总体组织领导工作的“千钧重担”，对刚刚30岁的黄培康来说，是一次严峻的挑战，这让他承受了巨大的压力。

就在这种极端困难的情况下，黄培康带领一支年轻的研究队伍，肩负着国家的重任，艰难地开展工作。

当时的历史背景十分特殊，防御武器的总体设计工作与分系统的研制工作几乎是同步进行的。

黄培康从宋健那里领命后，便带领研究队伍对三种拦截技术途径以及预警系统、目标识别等的研制计划及主要技术指标一个一个地进行调研了解，同时跟踪了解武器系统地面指挥所相关设备的研制工作。

在三年多的时间里，黄培康克服重重困难，参与协调防御武器地面制导控制与主要分系统雷达、计算机等的设计方案，组织研究制导控制及作战指挥的通信等问题，计算了几百条弹道，组织开展了防御武器的制导控制及地面指挥系统设计的一些基础工作。

二院承担的“1 号任务”武器系统的主要设备相控阵制导雷达迟迟没有研制成功，为了满足上级对该型号研制的进度要求，黄培康领导研究制定了一个“某单脉冲跟踪雷达加某计算机”的合作目标拦截制导方案，以满足型号飞行试验的要求。

1966 年，全国进入了“文革”动乱时期。政治运动冲击一切，科研制度和秩序被破坏，科研工作时间得不到保证，工作开展起来困难重重。七机部是全国出了名的动乱“重灾区”，组织瘫痪，指挥失灵，极左思潮泛滥，在科研生产管理工作中“大计划、高指标、瞎指挥”之风盛行。

黄培康是一个坚持理性思维、做事务实的人，对于科学技术问题更是事事“较真”，容不得那种违反科学规律、“画风画雨”的事情。开始时，他凭着一名科技工作者的真诚和知识分子的单纯，还幻想着改变这种情况。

那是 1966 年 11 月 29 日，钱学森来 26 所作报告，在报告会休息时，黄培康递给钱学森一张纸条，上面写道：“钱副部长，建议您在最近期间，对目前

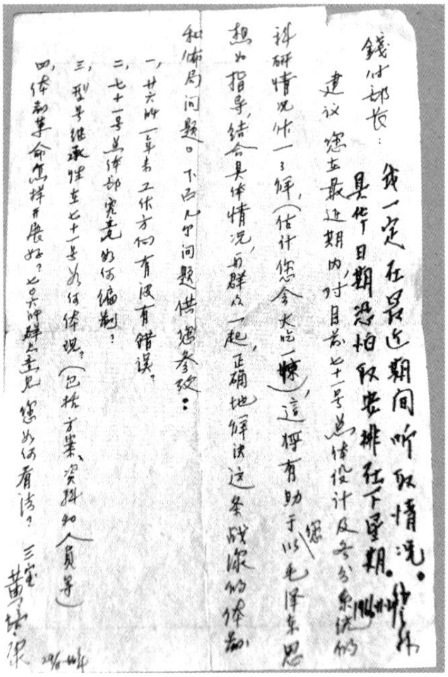

黄培康至今仍保留着与钱学森对话的纸条

七十一号总体设计及各分系统的科研情况作一了解，（估计您会大吃一惊）……”

钱学森立即在纸条上作了回复：“我一定在最近期间听取情况。具体日期恐怕取安排在下星期。”果然，事后，钱学森抽空来了，认真地听取了汇报，并作了指示。

然而后来的情况，让黄培康越来越明白，那时，防御武器研制出现的违反科研规律的情况，绝不是某一个具体单位、具体环节上的问题，也不是他敬重的钱学森一个人所能扭转的。

面对“三年赶、二年超”（防御武器用三年的时间赶上美苏等国际上先进技术水平，再用两年的时间超过他们），以及“四年建成防区”等违反科研规律的口号，看到工程研制中总体论证不充分，总体和分系统设计同步进行，设计和生产同步进行等管理混乱的局面，黄培康越来越陷入困惑和痛苦之中。

总体工作无法正常开展，开不完的“打乱仗”会议，不顾实际地定指标、提口号……在当时极不正常的大环境下，政治帽子满天飞，稍有不慎，就会被扣上“莫须有”的罪名，没有人敢提出反对意见。黄培康对当时那样的技术总体工作无法适应。

总体工作需要更多地与人打交道，当时的情况，沟通变得更加复杂，本来就言辞谨慎的黄培康，觉得自己已无法也不愿意适应当时的潮流，渐渐地厌倦了当时的那种工作方式，既不愿意违心地迎合上级的要求，也不愿意违心地与别人沟通。他从内心里更愿意与“科学技术与专业知识”打交道，强烈地希望能在一个相对安静的环境里，踏踏实实地去做自己喜欢的、适合的技术工作。

1969 年，为贯彻毛主席关于广大干部和知识分子要接受贫下中农再教育的指示精神，二院分批分期地安排干部和科研人员到“五七”干校、农场参加劳动锻炼，处于困惑和痛苦中的黄培康，终于可以有了一个暂时离开困惑与烦恼、冷静地思考何去何从的机会。

黄培康

黄培康院士**传记**

Academician Huang Peikang's Biography

第四章

转身新征　困境创业

作为人生的重要抉择，黄培康来到刚刚组建、困难重重的207所，开拓新的研究领域，开启了我国雷达目标特性研究从无到有、走向世界的征程。

作为年轻技术骨干的黄培康参加了某工程的总体技术工作。能参与到这样重要的任务中来，对刚刚迈入而立之年的黄培康来说，是一个重要的机遇，他在这个时期无论从技术上，还是从视野上都得到了很大的锻炼，也为他日后的人生埋下了重要的伏笔。但也正是在这个时期，1971年9月，黄培康遵从自己内心使命的召唤，自愿选择从许多人都认为很重要的总体单位调到了207所，一个当时还在初创时期，技术工作方向尚不明确的目标识别研究所，开始了新的创业历程。在当时，这是一个艰难的抉择，他本人也经历了痛苦的心路历程，但从他整个人生的纵向发展来看，是黄培康选择了目标特性和目标识别研究领域，也是目标特性和目标识别研究领域选择了黄培康，他们一起，共同走向辉煌。

1. 深思熟虑的抉择

1969年9月至1972年5月，二院一大批技术人员和干部被下放到军垦农场、“五七”干校参加劳动。黄培康被下放到了二院的院务部“三〇四场”的农场劳动。

“三〇四场”是二院天线实验场，位于北京西南，原先是专为雷达研制过程中的天线实验而建造的。场内除了两座天线测试塔外，只在场地一端修建了室内实验大厅及警卫营房、招待所等配套建筑。场地平坦，四周有围墙与外界隔开。二院院务部还在这里开办了一个农场，主要种植一些水稻等低杆的农作物，饲养了一些家禽、家畜。

1969 年 9 月至 1971 年 7 月，黄培康被下放到这里“劳动锻炼”了近两年，种地、养鸡、养猪、放羊，各种农活都干过。

下放劳动期间，虽然科研工作被痛苦地中断了，但也使黄培康有机会静下心来梳理纷乱的心绪，针对自己面临的困惑，考虑下一步的打算。

他实在不愿意再继续做总体工作了。那么，今后该干什么呢?

作为一个防御武器的总体技术骨干和雷达技术专家，在前几年的总体工作中，黄培康受到他深深崇拜的钱学森的影响，对“目标识别”和“再入物理现象研究”产生了兴趣。他知道目标识别对于防御武器的重要性，知道识别高速飞行真假目标具有的难度，这里面有许多基础性的技术问题需要探索、研究，并认为这是新兴的交叉学科，研究前景非常广阔。

黄培康是一个敏感而且细致的人，对于感兴趣的技术问题，他会尽可能地获取和积累相关信息和知识。他曾在工作笔记本上，详细地记录了中国科学院最初组织开展飞行器“再入物理现象研究”规划的研究课题。他在我国某雷达所调研时，对正在研制的某雷达进行过深入了解，记录的技术资料有 20 多页。

1970 年，按照钱学森的指导思想，国家计划组建专门研究目标识别的研究所。黄培康的内心感受到这个新兴学科领域的召唤，他的心里产生了一种使命感，他觉得自己应该遵从内心的召唤，去服务于“目标识别”这个新兴的领域，让这个闪烁的新星释放出璀璨的光芒。

黄培康终于下定了决心，离开总体研究单位，到那个新建的专业研究所去工作!

下放劳动结束后，黄培康向领导提出离开 26 所、调到 207 所工作的申请。

领导不同意，年纪轻轻的黄培康早已成为一个非常难得的技术专家。领导对黄培康说:“你先休息两个月，再仔细考虑一下。如果不离开 26 所，就回到原来的研究室，继续担任原来的职务。”

黄培康深知，这次工作调动，将是自己人生的一个重大转折点。在家休息期间，他又静下心来，思前虑后。

以世俗的眼光来看，离开总体部，去一个新成立的研究所不是一个好的选择。但黄培康不是一个世俗的、只计较眼前利益的人，他有更长远的眼光。世俗的眼光和功利的选择对他来说算不了什么，别人怎样看他，对他来说也算不了什么。他要遵从自己内心的召唤，踏踏实实地做自己最想做的事情，做最适合自己的事情，在对自己来说更有意义的事业中活出自己更精彩的人生。

他也很务实地初步谋划了自己未来一段时间的科研生涯。经过深思熟虑后，黄培康再次向组织提出调到 207 所工作的申请。这一次得到了批准。

2. 面对新挑战

黄培康申请调往的207所是刚成立不久的目标识别研究所。

我国的目标识别研究起步于防御武器目标识别系统的研制。

由于防御武器要对付的来袭弹头可能带有各种突防手段，如施放箔条云团、无源或有源诱饵、制造假目标等。因此，正确地识别真假目标是防御武器系统实施拦截的前提，目标识别是防御武器系统研制的关键技术之一。

在美国的反弹道导弹研制中，目标识别也是一个技术难点。20世纪70年代初，美国夸贾林反导靶场成功地从少量诱饵云和助推器碎块中识别出“民兵”导弹弹头，才实现了反导导弹“斯普林特”和“斯帕坦”在大气层内外拦截试验的成功。

1965年，钱学森纵观当时国际上弹道导弹防御技术和相关技术的发展水平，提出了“大气过滤成为目标识别的唯一技术途径”的论断。

著名空气动力学专家郭永怀建议“从研究导弹飞行现象学入门，解决目标识别问题。”

1966年3月，国防科委制定了包括11个方面、32个课题的导弹飞行现象学研究计划，组织中国科学院力学所、物理所和四机部十院22所等单位的约200位科研人员，开展了最初的相关课题研究工作。

随着防御武器研制进展，1970 年 5 月，中国科学院、国防科委、七机部三部门联合发文，以中国科学院力学所、物理所、长春光机所、四机部十院 22 所参加该任务的人员为基础，又从七机部二院调入部分人员，组建了目标识别研究所，即七机部第二研究院 207 所。

当时，我国正处于“文革”动乱时期，国防科研工作受到了严重的干扰破坏。生于动乱时期的 207 所，组建伊始就陷入了困境。

据档案记载，建所初期，全所职工 470 多人，而示波器、信号发生器类通用仪器不足 40 台，接收机、信号源类非标准设备不足 10 台，卡车、吉普车各一辆，固定资产约 130 万元。

根据二院贯彻中央建设三线战略部署的计划安排，207 所是全院首批搬迁三线单位之一，在北京宣布建所之前，远在湘西的三线工程就已开工建设。建所文件没有明确 207 所在北京的任何科研办公用房和职工住房，京内人员只能临时借用原单位少量用房就地开展工作。

来自四机部十院 22 所（河南新乡）的科研人员，在二院天线实验场完成某重点型号弹头及诱饵测试任务后，拿着部、院开具的介绍信，由所机关人员陪同，在北京四处寻找落脚地点。

在“文革”“斗、批、改”中，国务院下属部委有一批学校停办或取消，这样，他们在海淀区北安河鹫峰（现已建成鹫峰国家森林公园）脚下，找到了外贸部管辖的“北京对外贸易中等专业学校”（以下简称“外贸中专”）弃用的校舍，经国务院机关事务管理局批准办理了交接手续，新组建的第三研究室便进驻了这里。

在防御武器不切实际的进度计划和口号影响下，上级要求 207 所刚成立就开始进行防区目标识别方案的研究和相应目标识别系统的设备研制。由于缺乏目标特性的科研基础，上级下达的科研任务无法取得进展，全所的科研工作处于混乱状态。

在“文革”动乱的大环境下，加上自身的种种先天不足，207 所成立后就面临思想动荡、纪律松懈、科研工作混乱的局面，甚至有一部分职工要求解散 207 所，回原单位“抓革命、促生产”。

1973 年 9 月，有一件事情，让处于困难和混乱中的 207 所在七机部出了名。

有一次，时任中共中央副主席、中央军委常委的王洪文在听取七机部革命和生产情况汇报时，207 所党的核心领导小组组长周行松把建立初期的 207 所的情况归纳为四句话：“方向不明，体制未定，驻地分散，思想混乱。”主持这次汇报会的王洪文对于周行松这种敢于报实情、讲真话的精神不但不予以肯定，反而出于“四人帮”一伙事先定下的要在七机部批倒一批妨碍他们路线的老干部的目的，当场给周行松扣上了“否定文革大好形势”的帽子，指示七机部组织对他开展批判。周行松为此被免职，成了七机部反对“文革”路线的代表人物，在所内、所外遭受了一年多的批判。

这次大批判运动冲击了 207 所领导班子，进一步搞乱了职工的思想，全所陷入了更加严重的动荡之中。

黄培康正是在 207 所成立初期，处于困难、混乱的状态时，于 1971 年 9 月调入 207 所的。

3. 鹫峰领新命

黄培康调来之前，207 所雷达相关技术和电磁波散射理论研究正处于群龙无首的状态。黄培康当时已是二院崭露头角的年轻科研骨干，对于他的到来，207 所领导十分欣喜，并对他寄予厚望。

建所初期，207 所只有一部所领导使用的北京牌吉普车。1971 年 9 月的一天，黄培康来 207 所报到，所里特意派这辆吉普车把他从永定路接到中关村。

黄培康到 207 所正式报到时，所党的核心领导小组正在开会，核心领导小组组长周行松立即暂停会议，亲自陪他乘吉普车去 20 多千米以外位于鹫峰脚下的三室驻地。

到了三室驻地，周行松满怀期望和信任地说："任命你为三室主任，这块地就交给你了。"随后，领着黄培康到了三室临时负责人高锦怀的办公室，看着他们二人进行了工作交接。

高锦怀移交给黄培康四件东西——一张办公桌，一把椅子，一个订书机和一张标有高度的鹫峰地区地形图，当时条件的艰苦由此可见一斑。直到现在，黄培康还一直精心地保存着这张珍贵的地形图。

建所初期，207 所设有一个总体组，在二院的办公楼借房开展工作。全所有三个研究室，其中第二研究室是以来自中国科学院物理所人员为基础的光学识别研究室，在物理研究所借办公地点开展工作；第三研究室由几个方面的人员组成，大部分人员来自四机部十院 22 所和中国科学院力学所与物理所，另一部分人员从二院等相关研究所调入，是从事雷达识别的研究室，驻地在鹫峰脚下的外贸中专旧址；第四研究室来自中国科学院力学所，从事与空气动力学相关的理论研究和模拟实验，是全所研究人员最多、研究实验手段最齐全的研究室，在原地开展工作。由于种种原因，建所不久，除少数研究人员留下外，这个研究室离开了 207 所，几年后又回到了中国科学院力学所。

黄培康到任时，三室在编人员共73人，可是全室实际能承担科研工作任务的不足40人，其余人员或参加三线建设，或去“干校”劳动以及其他多种原因，暂时无法承担科研任务。

全室分三个工程组：

其中雷达散射截面外场静态测量工程组有20多人，主要来自四机部十院22所，带来两套简陋的、一些关键技术指标不稳定或极需改进的测量设备。这个工程组的前身是四机部十院22所为了承担导弹飞行现象学中有关雷达目标散射截面外场静态测量任务而成立的一支专业队伍。1967年，他们就在空军某地机场对某型号弹头进行测量，这是国内第一次对全尺寸导弹目标雷达散射截面进行静态测量。1970年年初，这支专业队伍来到北京，在二院的天线实验场执行测量实验任务。由于上级已决定来京参加测试任务的人员划入即将成立的目标识别研究所编制，这批人员完成测量实验任务后，就暂驻在实验场的招待所待命。207所成立后，进驻到外贸中专旧址。由于测量设备都存放在北京西南的实验场，这批科研人员只是为了解决来京后的居住问题才进驻外贸中专旧址的，住在这里不仅根本无法开展科研实验工作，而且，由于组内有六对双职工，孩子很小，驻地与实验场的距离有三四十千米的路程，有测量实验任务时，也很难做到全体人员都去测试场参加测量工作。

另一个是雷达测量的工程组，其中多数人是从中国科学院力学所第九研究室抽调来的。为执行导弹飞行现象学中关于导弹靶场飞行试验的测量任务，1968年，在当时“目标识别研究所筹备组”的领导下，以科学院力学所、物理所为主的19人组成联合实验队，利用改装的“406”微波雷达和“COH—9”红外雷达赴西北靶场对某型号导弹飞行试验进行测量。力学所参加这次靶场实验的人员被划入207所时，只带来数量很少的无线电测量方面的科研仪器。

还有一个由来自二院等相关单位人员组成的雷达目标识别研究工程组，人数很少，尚没有明确的研究方向与课题。

当时，在全所三个研究室中，三室驻地离市区、离所部最远，实际能承担科研任务的人员最少，仪器设备也最少，而且人员来自多个单位。全室的部分人员包括技术骨干，家住在北京的东城、西城、海淀等区，来往室里要乘公共汽车，路途遥远加上公共交通很不方便，所以，实际上无法要求他们正常来室里上班。

原外贸中专旧址，坐落在北京西北部阳台山东麓、鹫峰东南脚下，西面和北面都是高山，顺着下山的沙石路，往东走一千米多的路即是北安河村，那里有公交车站；往东南走一千米多可到著名的古刹大觉寺；出了半山腰铁丝网和灌木隔离带形成的周界，南、西、北三面都是西山林场的林区。

辖区内西面的山坡上，有两处民国时期留下来的建筑，一处是"贝家花园"，另一处是"杨家花园"。

据史料记载，"贝家花园"是民国年间法国籍医生贝熙业先生（Boussier）所建。全园由三组建筑组成，花园的最东部是城堡式的三层石楼，石楼墙体用花岗岩石垒砌而成，一层大门的上面镶嵌有石匾额一方，上书的"济世之医"为民国名人李石曾所题，是当地人为感谢贝大夫为民治病送药不取分文的善行而送的。贝熙业还曾在周恩来、邓小平、陈毅到法国留学前，为他们做了体检。

20世纪70年代，鹫峰山上的“贝家花园”

据一些老革命回忆，抗日战争和解放战争时期，“贝家花园”曾做过我地下党的联络站，我党的一些高级干部和伤员曾在这里秘密休养，并接受贝大夫治疗。

2015年，国家主席习近平访问法国时，专门提到贝熙业医生通过“贝家花园”集散地向抗日根据地输送紧缺医疗药品的事迹，它标志着长久的中法友谊。

从“贝家花园”向北翻过山梁，在隔沟相望的小山头上建有一处中西合璧的建筑群，一边是生活区，一边是会客区，这就是20世纪二三十年代曾任直隶警察处处长兼天津警察厅厅长杨以德的私家住宅，人称“杨家花园”。

评剧《杨三姐告状》中，最后开棺验尸，审结此案，为杨三姐申冤雪恨、枪毙高占英的，就是这位时任直隶警察处处长兼天津警察厅厅长的杨以德——人称“杨青天”。到“文革”时期，“杨家花园”已破败不堪。

外贸中专旧址山林茂密，空气清新，四季风景各异，可以称得上是一处风景秀美的山林，但是却根本不具备航天高科技研究的基本条件。一个研究室在这里孤立地生存，困难重重。

原外贸中专在“贝家花园”“杨家花园”的下面依山而建。北面一栋三层教学小楼是学校最主要的建筑，一个比蓝球场稍大的沙土地面操场，还有几十间办公、住宿用的平房和一个食堂，这些就是当时外贸中专旧址的全部房产。

此外，除了一些学校用的桌椅和食堂的灶具，几乎没有留下科研单位可以使用的设施和物品。

这里远离二院，也远离中关村（所机关及多数科研人员的驻地）。1971 年前后，路过北安河村的只有一路公共汽车（颐和园——温泉——西山林场的 346 路）。在冬季，到下午 6 点钟，经过北安河村的车（即温泉——西山林场一段）就停驶了。

这种交通条件，无法要求住在城里的职工每天都到室里来上班，即使来上班，一天也工作不了几个小时。住在山上的人员到城里开会或阅借资料，不管事情多少，去一趟都得花一天时间。

原外贸中专的用水，靠山上的泉水和一个小蓄水池收集夏、秋季节山上流下来的雨水，进入 20 世纪 70 年代，山上的泉水逐年减少。

这里没有采暖设施，冬天工作区也只能靠煤球炉来取暖。刚进驻时，职工食堂的粮食、副食由大家轮流到北安河村采购，肩挑背扛地运回山上；食堂和职工家用的煤球，雇用农民的毛驴驮上山，再分给各家各户。

这么多基本的生活条件和工作条件一时都得不到解决，再加上当时动乱的社会大环境和 207 所成立初期自身的特殊情况，以至于黄培康到任之前，第三研究室这支由几个单位人员汇合组成的研究队伍，形同一盘散沙，科研工作基本上没有开展起来。

黄培康离开26所，从工作、生活条件较好的永定路大院到鹫峰脚下上班，他个人也面临着巨大的工作条件落差和生活困难状况。

他家距离原来工作的26所步行不到十分钟，现在可好，因为单位没有班车，上下班乘坐公共汽车从永定路出发，途经白石桥（或动物园）、颐和园，换乘两次车，到北安河下车，还要走一千米多山路，通常要花两三个小时。

黄培康到207所工作时，爱人江雷远在湛江下放劳动，他只好把6岁的女儿带在身边，送到北安河村小学上学。父女二人住在小楼三层的一个房间。有时黄培康要到院里、所里或外单位参加会议、查阅资料或做课题调研，就把孩子交给食堂炊事员照管吃饭。遇到当天或几天都回不来的情况，只好请室里的女职工帮助照管。

1972年冬天，天气奇冷，鹫峰脚下更是滴水成冰。除夕那天，已经肆虐了几天的大雪，依然下个不停。清早起来，黄培康看到，山上山下一片白雪苍茫。

这一天，室里已不安排科研工作，住在城里的人都不来上班了，住在山上的各家各户也都忙着过年的事。小楼内外，一片寂静。

酷爱学习的黄培康感到，这正是读书的极好时机。他几乎完全忘了回家过年的事，从上午到下午都坐在办公室里看书。女儿一会儿跑进来和他一起读书，一会儿跑出去玩儿雪。直到下午天快黑了，黄培康才停下来，领着女儿下山，准备乘公共汽车回家过年。

大雪已经封山了。可能是由于雪下得太大，路过北安河村的公共汽车竟然提前停运了。

大风狂吼着，大片大片的雪花纷纷洒洒地飘落下来，天地间白茫茫一片。父女二人站在风雪中，两个小时过去了，眼看着等不到车了。黄培康望了望女儿早已冻得红扑扑的脸蛋，只好又带着女儿，顶着风雪，深一脚、浅一脚地返回山上。

食堂的韩师傅为他们做了一顿简单却又温馨的年夜饭。在这样一个除夕佳节的夜晚，外面是千家万户合家团圆，小楼里是只有父女俩的冰冰冷冷的房间。一边听着远处稀稀落落的鞭炮声，一边细致地将6岁的女儿安顿好，黄培康坐在宿舍的电灯下，又开始静静地读起书来。

非淡泊无以明志，非宁静无以致远。多年过后，女儿都忘不了那个令人难忘的除夕，忘不了父亲灯下读书的身影。在她幼小的心灵中，深深地觉得让父亲这样迷恋、深陷其中的书一定是十分美好的。那种淡泊、宁静的境界是难以超越的。仿佛一个人的心静下来了，整个世界都静下来了，不再吵闹，不再喧嚣。

4.创业第一步

黄培康到207所后，在与科研人员的接触中，他丰富的专业知识、务实的工作作风和谦虚谨慎、平易近人的人格魅力，不仅得到了三室科研人员的认同，也受到所内其他技术人员和管理骨干的尊重。

黄培康作为雷达技术专家，对目标识别与目标特性之间的关系有着清醒的认识，要解决雷达目标识别问题，就必须对雷达目标特性进行深入研究。

黄培康任三室主任时，正是防御武器研制受到违反科研规律的盲目冒进之风影响最严重的时候。按照院里对207所科研工作的要求，涉及三室的任务有高空识别方案研究、侧向雷达研制和外场静态测试等。

黄培康和所领导一起研究了三室的实际情况，提出了三点意见，一是高空识别方案研究当时没有基础，第一步先组织回波分析设备研制，为靶场测量获取的雷达特征信号分析处理准备条件；二是三室根本不具备侧向雷达研制的条件，这样大的工程由少数人研制是不现实的，如上级下决心搞，建议另组建队伍；三是积极创造条件，继续开展外场静态测试。

他根据所里认可的三室科研工作的原则意见，深入室里三个工程组，一个一个地听取组里的意见，细致地安排、落实，使全室的科研工作逐步走上正轨。

黄培康按照所里的要求、组织全室逐步把科研工作开展起来的同时，经过一段时间的学习和认真思考，头脑里逐步形成了一个明确的想法，即利用三室现有的条件，开始建设国内第一个雷达目标特性研究的实验基地。

目标特性是指目标在一定使用环境下所固有的属性。对武器装备而言，目标既包括作战对象，也包括武器装备自身。研究作战对象的目标特性，目的是了解其特征，以便实现对敌方目标的探测、识别、精确打击和有效毁伤；研究我方飞行器自身的目标特性，目的是掌握其特性，以便实施特征控制，实现有效的隐身、突防。

雷达目标特性是雷达目标固有和可测量的属性或性质，是雷达发射的电磁波在与雷达目标相互作用下，所产生的、载于目标散射回波之中的目标各种特征信息以及目标自身电磁辐射产生的信息。

雷达目标特性是现代武器装备及其作战目标最重要的特性之一，是实施雷达目标探测、跟踪识别、精确打击的依据，是提高武器装备自身隐身、突防、伪装等生存防护能力的基础，是实现精确指挥、精确作战以及提升基于信息系统的体系作战能力的保证，应用贯穿于武器装备建设的全寿命周期及作战使用的全过程。

雷达目标特性研究不仅对现代武器系统研制至关重要，而且对于许多相关的国防科学技术领域，例如导引头技术、雷达探测技术、特征信号控制技术、仿真技术、电子战技术等，都有重要的支撑作用，而且，在更广泛的科学技术领域也具有重要意义。

随着现代科学技术的发展，特别是导弹攻防技术和飞行器隐身技术的快速发展，在国外，雷达目标特性已经成为一个重要的基础性研究领域，而当时在我国，这项研究还未能有计划地开展起来。

黄培康决心率领他的团队，克服困难，在国内率先开辟这个领域的研究和实验工作。同时，他也清楚，眼前他领导的团队，无论是掌握的知识，还是研究实验手段，都十分有限，要做的事情还很多，要走的路还很长。

黄培康是一个视事业高于一切的人。他调来207所，看重的是这里有他热爱的科研事业。他没有把207所面临的种种困难作为考虑的因素，也没有把给家庭带来的困难看得太重。面对领导全所困难最多的一个研究室，他没有后悔，更没有退缩，他心里有一个前进的目标，就是立足于现有的条件，就在鹫峰脚下，一步一个脚印，开创一项新的事业，打开一片新的天地。

黄培康组织科研人员与华南工学院（今华南理工大学）合作，研制雷达频谱仪、相关仪和概率仪等处理设备。这些目标特征分析仪器，有谱域分析的，也有时域分析的。参加研制工作的有杨钦宝、曾宪琪、胡扬学、张胜才、孙竞等。

他与华南工学院徐秉铮老师合作，配合相关仪研制，进行“相关仪指标的理论分析”研究。他们从数学上分析在极化条件下，有限时间间隔的相关函数计算精度和有限相关点的离散功率谱密度函数的误差，从而确定相关仪的技术指标要求，包括信号频率范围、观察信号长度、相关点数、最小延时和最大样本数、输出形式、输入信号范围、误差要求、环境条件等。

产品研制和实验测试验证了他们通过理论计算提出的研制参数是合理和正确的。

这项研究成果显示了研究者很高的理论水平和深厚的数学功底。相关理论和技术成果获得 1978 年全国科学大会奖。相关仪、频谱仪、概率仪研制成功后，成为 207 所最先进的目标频谱分析设备，在完成科研任务中发挥了重要作用。

207 所成立后，在二院的天线实验场内建立了我国第一个雷达目标散射室外静态测试场，先后对“东风”型号各种弹头、舱段和轻重诱饵进行了多次测试，取得了大量数据。

黄培康团队用马车运输试验设备

那时，每次做测量实验前，都要对测量场地进行细致的除草、平整工作。黄培康领着科研人员用铁镐和铁锹平整了长达 1 千米的测试场地，菲涅尔区的地面平整度均方根差达到 1 厘米，平整度保证了测试准确性的要求。(菲涅尔区是电磁场与微波技术中的学术名词。根据惠更斯－菲涅尔原理，在电波的传输过程中，波阵面上的每一点都是一个进行二次辐射的球面波的波源，这种波源称为二次波源。而空间任一点的辐射场都是由包围波面的任意封闭曲面上各点的二次波源发出的波在该点相互干涉、叠加的结果。显然，封闭曲面上各点的二次波源到达接收点的远近不同，使得接收点的信号场强的大小发生变化。为了分析这种变化，引入了菲涅尔区的概念。)

1972 年年底前，所里计划在三室驻地修建试验工程车车库。室党支部研究下一年工作安排时，黄培康提出，利用工程车库修建的机会，建设微波低散射实验室（微波暗室），并对实验室的长、宽、高提出了设想。他要求具体负责筹划车库建造的党支部委员苗湘臣，在安排车库工程时预留出建设微波暗室的空间。接着，他带领团队，着手微波暗室的调研和设计工作。

由于当时国内还没有用于目标电磁散射测量的微波暗室，因此，黄培康领导建设的第一个微波暗室被称作“实验型微波暗室”。

目标电磁散射测量与天线的测量不同，天线测量是一次单向辐射，而目标散射特性测量的是由天线照射目标、再由目标全向散射的二次幅度与相位量。

1974 年 11 月，207 所向二院上报了在三室驻地建设国内第一个用于测量雷达目标散射特性的微波暗室的报告及论证方案，通过后，随即开始建设和设计工作。

在黄培康的领导下，孙长权做了先行设计工作；林元福、戴朝明、李柱贞、印国泰、杨爱秋等先后参加了微波暗室的建设和建成后的实验研究工作，他们都是先行者。

黄培康调入 207 所不久，所内开始了关于所的科研方向的讨论。在建所初期极端困难的条件下，207 所虽然在目标特性理论分析、试验研究以及测量设备研制等方面开展了许多艰苦的工作，但是，由于上级下达的研究、研制任务超越了当时的研究能力和科研基础，全所科研工作不可避免地遭受到了严重挫折。

经受挫折后，207 所清醒地认识到，作为一个研究所，正确的科研方向是解决生存、发展问题的重要前提。在这次讨论中，研究室领导和一线科研骨干的意见得到了较为充分的表达，虽然大家在 207 所要不要向基础性研究方向调整、需不需要全面研究我国武器和国外先进的可能来袭目标的目标特性等问题上存在不同看法，但是，在一个主要问题上，即 207 所的科研方向应当转向目标特性研究，全所上下是一致的。

在这个基础上，所和研究室两级技术领导干部，包括时任副所长李波、总体组组长游雄、科技处处长郑宾生、三室主任黄培康、二室主任徐根兴等联名向部、院写信，并到部、院主要领导的办公室反映 207 所广大科研人员的意见，强烈要求上级领导尊重科研规律，将 207 所的科研方向调整为目标特性研究。

七机部认真听取了来自基层科研人员和领导干部的意见、建议，并于 1973

年8月在唐山召开了目标特性研究专题会议，明确目标特性研究是目标识别的前提和基础，必须首先开展；突防和识别是一个问题的两个方面，应结合起来研究；207所的科研工作转向以目标特性研究为主。

这是207所发展的一次重要转折，也是我国目标特性研究事业的一个新起点。

1974年12月，207所在一份上报的文件中提出了关于建立识别反识别研究体系的意见。

这个研究体系包括：靶场测量；模拟测量（地面静态测试场、微波暗室、红外辐射室、低密度等离子体风洞和弹道靶）；基础理论研究（数理统计理论应用、等离子物理、散射截面和电磁特性、气动力学等）。

很明显，这个研究体系，是207所未来开展目标特性研究的总体框架设想，体现了207所的集体智慧和发展方向。黄培康作为雷达目标特性研究的学术带头人，对于这个研究体系的提出发挥了重要作用。

为了解决靶场测量手段问题，黄培康决定自己动手，改装靶场测量雷达。他让宁克新带队，白承玺、向家武参加与湖北广源市某工厂合作改装空军的4511米波雷达。

从1974年开始的连续三年时间里，黄培康亲自带队，与上海 804 所合作，按照“在老雷达上加宽带”的设想，把“814”雷达改装成为宽带成像雷达。参加该项工作的人员主要以二部和 207 所为主，有刘鲁勤（后担任 25 所副所长、科技委主任）、陈定昌（后担任二院院长，中国科学院院士）、阮文杰、陶巍、印国泰、顾志贤和杨爱秋等人。同时还与国防科技大学开展合作，由他们负责该雷达改装高频部分的研制工作。1978 年后，防御武器研制下马，该雷达与米波雷达改装都停了下来，但为 30 年后，我国宽带成像的迅速发展打下了基础。

黄培康把发现和培养科研骨干人才，特别是能承担理论研究和总体性工作的人才，作为他工作的一项重要内容。他知道，人才队伍是他想要建设的研究实验基地的基础。

他通过一段时间的接触和工作考察，发现陶巍、戴朝明、林桂森这 3 个 1966 年大学毕业的年轻人，专业知识基础比较扎实，工作态度踏实认真，给他留下了良好的印象，是可以承担重要研究课题的人选。这三人不但成为当时室里的工作骨干，多年以后，陶巍研究员成了所的技术领导，先后担任副所长、科技委主任、重点实验室主任、航天科工集团科技委常委等职务；戴朝明研究员担任了微波暗室主任和所的专业总师，是国防科工委隐身专业组的成员；林桂森研究员担任了所的专业总师。

顾志贤、杨爱秋夫妇 1965 年分别毕业于哈尔滨军事工程学院（全称为中国人民解放军军事工程学院，简称“哈军工”）、西安军事电信工程学院，207 所成立时从 25 所调来，被安排在二室搞无线电技术研究工作。因为家都住在二院，有时在二院至中关村的班车上（所里从二院到临时所部开通的班车，一辆带篷的卡车）会遇到黄培康。在聊天中，发现专业相近，彼此有很多共同语言。黄培康丰富的专业知识和平易近人的作风深深地吸引了顾志贤、杨爱秋夫妇，黄培康也对他们二人产生了良好印象。后来研究室调整，黄培康任一室（总体室）

主任时，他们被调到一室，而且都成为工作骨干。顾志贤专业技术和外语水平都较好，工作刻苦，不仅承担了多个课题研究任务，而且在查阅、收集信息资料方面对黄培康起到了助手作用，几年后，成长为一室主任，后担任所专业总师。

有一天，黄培康找外场静态测试工程组的李柱贞，给他出了一个理论计算问题：在靶场某型号飞行试验时，反复观察到以下现象——弹头落地之前，屏幕上看到一个较大的周期性起伏的回波信号，根据经验分析，这是末级推进器在与弹头分离后，由于没有姿态控制，在分离爆炸螺栓的作用下，导致推进器弹体翻滚，因而出现周期性起伏的回波。黄培康让他从理论分析和计算方面对这个现象进行模拟。

李柱贞进行了导弹飞行雷达散射截面的模拟计算，得出的结果与靶场观察现象相一致。黄培康看到模拟计算结果十分高兴，并指导他加强理论模拟计算方面的研究。

为了进一步提高李柱贞的计算能力，黄培康安排他到二院计算站学习计算机编程，还特地请曾经承担我国第一颗人造地球卫星“东方红一号”轨道计算的宋庆元（因在我国第一颗人造地球卫星研制中的贡献，国庆观礼时登上天安门城楼，受到毛主席的接见）辅导李柱贞。因为当时计算机资源有限，许多人被安排在夜晚上机，为了照顾李柱贞家住北安河的困难，黄培康还特别嘱咐宋老师把他的上机时间安排在白天。

外场静态测试工程组的吕婴，毕业于北京大学地球物理专业，是从十院22所来的一名静态测试研究人员。黄培康任三室主任后，扎扎实实抓科研工作和谦虚谨慎的作风给她留下了深刻印象，所以黄培康给她安排的工作，她都会认真去完成。黄培康出题目，让吕婴到有关单位进行调研，并支持她到清华大学、北京大学去学习计算机高级语言，以提高她的计算能力。后来，她完成了多个课题的理论计算，成为理论研究的技术骨干。在开展外场静态测试的初期，在菲涅尔区进行实验定标，使用的定标球尺寸要与测量波长尺寸严格协调。考虑较长波段测量实验的情况，吕婴经过查阅资料，提出长波段测量时采用小球在谐振区定标，得到了黄培康的赞赏和肯定。在一次有外单位人员参加的学术会议上，黄培康介绍吕婴时风趣地说："这是我们207所的才女。"

陈清英是一位从中国科学院力学所来的一位资历较老的研究人员。她原来所在的研究室是专为全所科研实验电测配套的研究室，所以，陈清英在测量仪器的研制、使用上有着丰富的经验。她工作热情、责任心强，家住在中关村，平时都住在山上，只有周末才回家。黄培康非常尊重她，有时给她安排紧急的研制任务，她总是加班加点，又好又快地完成。

5. 饱含情谊的管理者

在混乱和极端困难的条件下，黄培康和室党支部书记王子华与党支部委员苗湘臣、蔡文廷、姜祁宝紧密配合，一起带领全室人员，力所能及地保持队伍的稳定，组织开展科研工作。

黄培康以身作则、平易近人、对职工关心体贴的作风，给大家留下了深刻的记忆。在三年多的艰苦环境里，黄培康不仅领导团队开创了我国雷达目标特性研究工作，而且，他还和团队里的许多人建立了深厚的友谊，为他日后领导开展207所雷达目标特性研究工作，奠定了良好的人脉基础。

黄培康谦虚谨慎、一心为公，处事低调、随和。党支部委员会的几位同志知道黄培康是全院出色的年轻技术骨干，深知他对全室科研工作的关键作用，因此，对他备加关心和照顾。

黄培康到任不久，党支部就研究决定，他可以每星期有三天在室里上班，三天参加院、所会议或查阅图书资料。这样，黄培康有了较大的自我调节空间，给了他大量可以用来学习充电的时间，对他尽快适应新领域的研究工作起到了重要作用。

对此，黄培康十分感激，他以更加辛勤的工作，和对同志们更加负责和无微不至的关心来回报组织和同事。而对于老三室同事们在困难条件下给予自己工作上的大力支持，黄培康一直念念不忘，心存感激。

黄培康在困难情况下，关心职工生活，体贴大家的难处，管理工作讲究方式方法，很富有人情味。他关心职工食堂伙食情况，冬天关心职工取暖情况。他有时候到职工家里，促膝探讨科研工作和技术问题，有单身职工家属来探亲，他都上门看望，嘘寒问暖。

黄培康不仅在科研工作中给予职工许多指导和

关心，生活上也和大家打成一片。那时男职工互相理发，黄培康也参与其中，让别人给他理发。这些丝丝缕缕、点点滴滴，在他和室里其他同事之间凝聚了深厚的情谊。

三室女技术员孙竞有时替黄培康照顾他带到山上的女儿。后来，孙竞得了癌症，黄培康对她的治疗十分关心，在北京帮她找医生，派人陪床。听说吃甲鱼对治疗这种病有好处，北京很难买到甲鱼，黄培康就托人专从河南给她买来甲鱼。后来，黄培康还一直关怀着她女儿的成长。

一次，同事胡振华突然犯了心脏病，他立即派人骑三轮车，自己骑自行车跟着，亲自将胡振华送往航天中心医院进行抢救。

孙长权毕业于北京大学地球物理专业，是微波暗室筹建的骨干。但脾气有些急躁，与同事发生了一些小矛盾。对于工作中遇到的困难和苦恼，他愿意找黄培康汇报、谈心，黄培康也耐心地做了不少化解矛盾的工作。后来，孙长权调到外地某军校当教员，得了重病，在 301 医院住院，黄培康不止一次地去看望他。

一次，在 207 所离退休人员春节聚会上，已经是中国工程院院士的黄培康，听说当年山上的女炊事员王秀琴来参加聚会，赶紧找到王师傅，亲切问候，感谢她当年对自己和女儿的关心和照顾。

陈清英已经退休十几年了，每年春节，黄培康总会与她相互打电话拜年问候。

黄培康与老三室科研人员的友情一直延续至今。在李柱贞的眼里，黄培康既是自己科研工作上的领导和导师，又像是一位和蔼可亲的兄长。他出国进修回国，几年后调到院有关单位从事民品开发工作，始终没有中断与黄培康的联系。退休后，又在黄培康的指导下，为 207 所做一些信息收集和分析工作。

杨钦宝在老三室是一位技术员，是频谱仪研制的负责人。他随黄培康到总体研究室后，承担我国首枚战略导弹全程飞行试验的海上测量任务。他与妻子两地分居，有两个孩子，妻子张培芳在河南新乡一家工厂工作，家庭生活面临很多困难。

一次，两个孩子都病了，张培芳十分着急，就给室领导写了一封信，反映家里的困难，要求把杨钦宝调到郑州工作。她写这封信，主要是情急之下向领导发泄牢骚，并没有奢望得到回音。但意想不到是，她很快便收到了黄培康的亲笔回信。在信中，黄培康对她家中遇到的困难表示理解和慰问，并告诉她杨钦宝正在承担一项重要的试验任务，暂时无法请假回去照顾家庭，希望她能理解与支持，有困难可及时向他提出，并表示一定给她力所能及的帮助。

张培芳把黄培康的这封简短回信反复看了多遍，她知道自己的爱人在承担国家的重要任务，又有黄培康这样认真负责、关心职工的领导，心里感到很欣慰，觉得应当支持爱人的工作。

杨钦宝、曾宪琪、胡扬学三人，在老三室是与华南工学院合作研制频谱分析仪器的骨干，黄培康调任总体研究室主任时，他们三人也来到了总体室。

1981 年，国家批准为航天系统一批长期夫妻分居的技术骨干解决家属进京户口指标。当时，杨钦宝等三人都在外地出差，黄培康得知消息后，立即给每个人发去电报，让他们放下手里的工作，赶快回来办理家属进京户口和工作调动的手续。

最后结果，杨钦宝等三人都在这次机会中解决了夫妻两地分居问题。几年后，杨钦宝因病在家休养。已经调任国家“863”计划某直属主题首席科学家和二院科技委领导的黄培康，每次来207所或在大院内遇到杨钦宝、张培芳时，都主动关心并询问老杨的病情，嘱咐他好好调养。

几十年过去了，杨钦宝、曾宪琪、胡扬学三人和他们的夫人都已经退休了。一天，张培芳等207所的老人与黄培康聊起往事，她说：“前些日子，我和黄金娣（曾宪琪夫人）、高秀荣（胡扬学夫人）一起说起当年调进207所的事，都从内心很感谢黄主任，您得到消息，马上就给老杨他们发电报，催他们放下工作，赶紧办理我们的进京户口和工作调动手续。”黄培康笑着说：“当时就是觉得国家给这批老同志开一个解决家属进京户口的‘口子’多难得呀，这件事情对你们每个家庭都太重要了，家属进京户口的事情千万不能耽搁。”

黄培康

黄培康院士传记

Academician Huang Peikang's Biography

第五章

八年奠基　建功型号

黄培康率领团队，开展了长达 8 年的雷达目标特性研究工作，出色地完成了国家重大型号的科学测量和研究任务，确立了专业领域领军人物的地位。

如果说黄培康担任老三室主任约三年半的时间走过的是一段艰辛的创业之路，那么，从他1975年任总体室主任到1983年任所科技委主任，领导207所雷达目标特性研究全面开拓奠基的8年，则是一段更具考验、动心忍性的历程。在这8年里，面对诸多困难，黄培康和他的团队建立了雷达目标的研究实验手段和研究体系，形成了一支专业配套、在国内具有领先水平的研究队伍，同时通过圆满完成国家重大型号的相关任务，进一步明确了目标特性研究的性质和方向，那就是目标特性是应用性基础，必须坚持走以型号任务带动基础性研究的道路。也正是在这8年领导207所雷达目标特性研究发展的过程中，确立了黄培康作为这个专业领域领军人物的地位。

1. 把握方向，全面开拓

1975年4月，207所根据科研方向转向目标特性研究的需要，重新组织全所科研队伍，成立了总体研究室，负责目标特性研究的技术总体工作，黄培康任该研究室主任。1981年8月，黄培康调任207所副总工程师（副所级），协助所长领导全所科研技术工作。1983年4月，黄培康任207所科技委主任。

随着黄培康职务的调整，207 所目标特性研究形成了维持多年的专业格局：光学目标特性研究以徐根兴（所长，研究员）为学术带头人；雷达目标特性研究以黄培康为学术带头人。他们二人在各自的研究领域都有很高的学术水平，在国内目标特性研究领域的地位得到上级机关和国内同行的普遍认同。

这样，黄培康就有条件按照自己的思路，统筹 207 所的雷达目标特性研究，率领他的团队开展研究工作。

1975 年成立的总体研究室，可谓人才济济。全室有 88 名科研人员，占到全所科研人员的三分之一，其中有从苏联、东欧留学回国的人员，有多人是“文革”前的研究生或毕业于北京大学、清华大学、中国科技大学等名牌大学。

黄培康根据目标特性研究的需要和每个人的专长、特点，对研究室的组织机构进行了顶层设计，组建了理论、光学特性总体、雷达特性动态测量、终端和数据处理、缩比目标测量微波暗室、计算和机电综合设计等七个工程组。

最初的理论研究组成员，其中郇惠欣、王福恒、皮德宝、常满、刘铁军、胡振华 6 个人后来被评为研究员。光学特性总体组的姚连兴研究员和朱振福研究员后来成为所内光学目标特性和光电型号研制的学术带头人。

皮德宝来自中科院力学所，原来做的是流场计算工作，黄培康安排他翻译有关仿真技术方面的资料，后来逐渐转向目标仿真课题研究，至今，上海航天八院总体部还在应用他研制的仿真软件，得到了兄弟单位的好评，他的科研成果达到了很高的水平。雷达特性动态测量组的樊正芳 1966 年大学毕业，参加过动态、静态多项测量任务和多个测量设备研制，成长为在测量理论和测量设备研制方面都具有很强能力的技术骨干，后被评为研究员。

后来，根据需要，全尺寸目标静场测量队伍单独成为一个研究室，搬到二院天线实验场，常年开展测试研究工作。总体研究室的宁克新调到该研究室任主任。

黄培康（二排右五）参加并主持目标特性外场测试与试验研究

宁克新 1958 年毕业于清华大学，在测试设备研制方面具有丰富的经验和水平。他是黄培康工作上的老搭档，黄培康在当“第一工程组长”时，宁克新就是当时的工程组副组长。黄培康离开总体室担任所科技委主任后，宁克新是科技委副主任之一。这个研究室的副主任冯振勋和工程组组长陆海，不仅熟悉全尺寸目标静态测量，而且在测试设备研制方面具有很高的水平，先后被评为研究员。

研究雷达目标特性的主要手段有理论计算、全尺寸目标测量、缩比目标测量和动态目标测量等四种，被称之为研究雷达目标特性的“四根支柱”。黄培康担任三室主任时领导开展的工作，实际上已经根据当时的有限条件，开始了这方面的研究工作布局。

美国和苏联的靶场均拥有各种频段的目标特性测量雷达，借鉴他们的经验，钱学森曾建议我国的靶场也应建设自己的靶场目标特性测量雷达系统。

在任总体研究室主任的最初几年里，黄培康为争取建立207所自己的靶场目标特性测量雷达系统付出了许多心血和努力。

有一件关于研制靶场目标特性测量雷达的事，一室主任向家武一直没有忘记。有一天，黄培康告诉他，研制目标特性测量雷达要重视雷达的极化与频率选择问题，黄培康交给他一个课题——“电离层法拉第极化旋转计算”，让他进行研究。向家武感到有些诧异，觉得这是一个空间物理的课题，他在雷达专业所从来没有遇到过，他不明白，这与雷达目标特性有什么关系？

经过几个月的研究计算，他得到了结果：电离层在地球磁场的作用下变成各向异性介质，当一种线极化的雷达波通过时，将产生严重的法拉第极化旋转，旋转量与雷达频率有关，低频（米波、P波）旋转可达上百度，高频也有几十度。因此，当选择频率和极化不合适时，就会丢失跟踪目标。同时，必须考虑这种传输产生的极化变化与目标本身产生极化特征合成后如何分解。这个结果，让向家武对黄培康更加佩服，觉得黄培康的专业基础面很宽，考虑问题又非常全面、深刻。

向家武在黄培康的领导下，在理论研究和总体技术方面做了许多工作，后来被评为研究员，先后担任微波分部主任（当时，207 所把全所雷达目标特性研究队伍整合成一个分部）、副所长。

建立靶场雷达目标测量系统由于种种原因，短时间无法实现。然而，同时具有全尺寸目标外场静态测试和缩比目标微波暗室测试的条件，是 207 所在国内目标特性研究领域独有的技术优势。黄培康认为，他的团队只要认真地把这两方面的研究实验手段建设好、发展好，并配合开展理论研究、数值计算，不仅能够为众多单位提供测量服务，自己也可以自主开展各种实验研究。

数年如一日，黄培康和他的团队始终把静态测试场和微波暗室及其测量系统的建设、改造和测量技术提高，作为推进自身研究能力提高的基础，紧抓不放，为其倾注了大量心血。

1975 年，207 所与长沙工学院合作，研制了静态全尺寸目标米波段测量设备，该系统投入使用以后，提供了大量的测量数据，满足了我国型号关键部件研制工作的需要，有力支撑了重点型号的发展。

1977 年 8 月，207 所在外贸中专旧址建成了能进行雷达目标散射截面测量的实验型微波暗室。虽然该微波暗室的建址条件很差，建设过程很艰苦，又是国内初次建设这类的微波暗室，但黄培康从一开始就坚持设计和建设的高标准、严要求，参加微波暗室建设人员的积极性始终很高，尽可能地采用先进的电磁散射测量微波暗室建设技术和材料。

首先，微波暗室设计指标极为先进，侧墙的菲涅尔带铺斜锥形吸波材料，后墙向上倾斜并铺较低频的吸波材料，安装被测目标的转台与整个微波暗室隔震，空调窗口加双极化隔栅，测试设备专门设计具有硬件与软件选通门等，小小的实验型微波暗室包含着丰厚的微波散射测量知识。

在微波暗室设计过程中，前后有半年的时间，黄培康都住在山上，大多数晚上都用手摇计算机进行菲涅尔区计算和吸波材料斜置计算。

1989年，黄培康（左一）与美国密执安州立大学陈坤木教授（左二）进行学术交流

1991年，黄培康（右二）访问美国密执安大学，与戴振铎教授（左二）、L.Liepa 教授（左三）等人合影

在微波暗室建设过程中，他们瞄准全世界当时最先进的美国密执安大学目标测量微波暗室。黄培康带领戴朝明、林桂森、印国泰人等先后前往美国，向该实验室的教授们请教、学习。他们还访问了密执安州立大学等。

黄培康经常跟大家讲，微波暗室要达到的测量能力，是能测到像麻雀一样大小的目标散射，它的散射截面大约万分之一平方米量级，背景电平还应小 2 个数量级，因此，微波暗室自身的散射将应达到百万分之一平方米量级。

大家按照黄培康提出的要求，在实验型微波暗室反复进行原理性试验，积累了丰富的微波暗室设计、建设的知识和经验。建成后的实验性微波暗室达到了黄培康提出的要求，先后开展了对包括“东风”型号在内的各种目标、诱饵及材料的电波散射特性的规范性测量研究，获得了极为宝贵的数据。

在充分利用实验型微波暗室开展测量实验的同时，黄培康抓住二院同意 207 所到永定路地区集中的时机，开始筹划在二院地区建设更高水平的微波暗室（207 所第二代微波暗室）。

黄培康知道，建新的微波暗室最重要、也最难办的是先要解决建设的地址问题，因为当时在二院的工业区已经很难找到新建科研实验设施的空地了。

一天下班后，黄培康又在大院里转悠，寻找可以建新微波暗室的地方。看到某单位正在地下防空洞上面建设一个爆炸成形实验室，他眼前一亮，便立即去找分管行政、基建工作的杨仁忠副院长，汇报了建设新微波暗室对 207 所以及国内雷达目标特性研究的重要性和新微波暗室建设的设想，希望也能像某单位一样，在工业区防空洞上面建设新的微波暗室。

杨副院长是黄培康的老领导，在仔细听完黄培康的汇报后，被他的诚恳、执着所感动，考虑了一下说：“你们要建的微波暗室与他们那个爆炸成形实验室性质和要求都不一样，不能建在防空洞上面。院里已准备批准 207 所在工业区北端沿围墙建设汽车库，你们可以把微波暗室建在车库上面，这样也能满足微波暗室转台在地面以下的要求。”

黄培康非常感谢院领导对 207 所科研工作的理解和支持。陪同黄培康去见院领导的同事回忆说，在落实了新微波暗室建设地点后，黄培康在回来的路上兴奋得简直像小孩子一样。

接着，黄培康就开始紧锣密鼓地抓紧组织新微波暗室建设的各方面准备工作。

担任总体研究室主任后，黄培康还安排一定时间到鹫峰脚下的老三室驻地去上班，一方面是指导或参加微波暗室的测量实验；另一方面也是由于207所驻地分散问题没有解决，一部分总体研究室的研究人员仍在老三室驻地工作、居住。

1981年1月10日晚9点钟左右，老三室驻地突然遭到一股强大的“龙卷风”袭击，大风持续了五个小时之久。1月13日，《北京晚报》头版以《鹫峰山下大风肆虐》为标题，报道了驻地遭受这次风灾袭击的情况：“驻在鹫峰山下的北京环境特性研究所办公区受到东北方向来的大风袭击，一栋三层楼房楼顶全部被揭去。同时，大风还掀去了13间平房的屋顶，片瓦不留，8间平房屋顶被吹掉一部分。电话线、照明线全部被吹断。这次大风使办公区70%的房屋受到不同程度的损失。”

《北京晚报》头版，《鹫峰山下大风肆虐》配图

在风灾来袭的当天晚上，黄培康就住在该楼房的三层，亲眼看到了大风来袭的情景。第二天清晨，他用相机拍下楼房被大风揭顶的状况，并将《北京晚报》上面的那篇报道文章剪下来保存至今。

风灾发生后，黄培康和他的同事们没有气馁，他们一方面向领导报告灾情，请求尽快修复被毁房屋，同时，自己动手修理部分屋顶，整修成谱分析实验室。所幸，微波暗室在这场风灾中未遭损坏，科研实验工作可以照常进行。

理论计算和建模工作是所里可以自主安排的。黄培康整合所内原来较分散的科研力量，开展理论研究、计算模拟和试验数据的分析处理。

黄培康安排李柱贞负责缩比目标，吕婴负责全尺寸静态目标，向家武负责诱饵、干扰云团，分别进行雷达散射截面（RCS）理论分析与计算研究。在积累了大量理论分析计算和模拟测试的基础上，黄培康组织他们三人对雷达散射截面各种分析计算方法进行汇总和比较，编写了一本雷达散射截面计算方法的工具书——《雷达散射截面常用计算法》（李柱贞，吕婴，向家武，目标特性研究编辑部，1981 年）。

雷达目标 RCS 的计算方法很多，都需要有电磁场理论的基础知识与运算技巧，每一种计算方法都可以有一本简明教程来阐述。《雷达散射截面常用计算法》介绍了边值精确解法、几何光学法、物理光学法、几何绕射理论、物理绕射理论、等效电流法和积分方程解法等七种雷达目标散射截面常用计算法，有很强的实用性。

《雷达散射截面常用计算法》被定为内部资料，未公开出版发行。虽然全书的内容、章节结构和编写分工都是由黄培康策划，书稿由他校对，印刷时他亲赴地处外地的印刷厂参加校对，但他却没有署名。这本书印发后，受到广泛欢迎，一直是 207 所内雷达目标特性研究人员和国内同行的一本常用工具书。

黄培康深知，发展雷达目标特性研究事业的关键在于建设一支高水平的研究队伍。他在任总体研究室主任的几年里，结合科研任务，言传身教，带出了一支由1966年前大学毕业生组成的科研工作骨干队伍，这批人构成了207所雷达目标特性研究团队的基石。

随着科研工作逐步展开和研究人员平均年龄的不断增长，黄培康越来越强烈地意识到他的团队需要补充高素质的新鲜血液，这一切仅靠每年吸收大学毕业生是不够的。

得知国家开始在企事业单位建立研究生培养制度的信息后，黄培康立即组织所内专家筹划申报，使207所在1983年成为二院第一批设立硕士研究生培养点的单位，并具有学位授予权。

从第一批招收的研究生到所，黄培康就一直把年轻人的培养当成自己工作的一项重要内容。他多次提议要尽量给研究生创造良好的学习、生活条件。

当时，207所还处于困难时期，办公用房和职工住房等方面都很困难，一些职工对给研究生创造较好学习、生活条件想不通，甚至说："他们重要，难道我们就不重要？"对此，黄培康在不同场合反复强调："我们的事业将来要靠他们，他们是我们未来的希望。"

黄培康以战略的眼光，把人才队伍建设提到事关雷达目标特性研究事业长远发展的高度，多年来，甘之如饴，孜孜不倦，为此付出了大量的精力和心血。

在黄培康和他的同事们的不懈努力下，207所的雷达目标特性研究优秀人才辈出，顺利实现了队伍的新老交替，在国内雷达目标特性研究领域，黄培康和他的团队不仅始终保持研究实验设施装备的领先优势，而且研究队伍始终保持旺盛的创新能力和很强的竞争力。

2. 领军战略型号某系统评估研究

黄培康根据多年从事航天工作的经验，清醒地认识到，目标特性虽然是基础性研究，但它是应用基础性研究，必须走以型号任务带动科研、带动实验室（场）建设的道路。

从担任老三室主任到担任总体研究室主任，黄培康都坚持带领团队人员积极联系型号总体单位，了解他们对目标特性研究的需求。

1973年，在七机部唐山会议明确“识别与反识别研究应当结合进行”以后，特别随着防御任务由型号研制逐步调整为途径探索和单项预研后，207所就逐步把目标特性研究的重点转向为我国的战略型号某系统的研究领域。

黄培康领导的团队进入西靶场落区，测录了某型号飞行中的雷达特征信号数据，静态测试场和微波暗室也对某型号全尺寸目标、缩比目标及各类目标进行多次测量，为型号总体单位提供某方案设计数据。

在上级下达国家战略型号某系统评估研究任务后，207所动员全所科研力量，从目标光、电特性及运动流场、再入烧蚀等方面同时开展研究工作。由于光学研究测量手段受到限制，黄培康率领的雷达目标特性研究团队成为完成该项重大研究任务的主力军，他本人成为该项研究任务的领军人物。

黄培康和他的研究团队围绕任务从三个方面开展研究：

理论上对导弹及其部件、各类目标在不同大气环境条件下，进行电磁散射、辐射的“寻优”设计计算。

在静态测试场对弹头、各类目标进行散射测量，在微波暗室对各类目标缩比模型进行散射测量。

在导弹飞行试验靶场进行各类动态散射测量。

研究工作中最重要、也是最艰苦的是靶场动态测量。从1978年年底至1983年，黄培康三次率领七机部组织的联合试验队进入靶场，进行各类动态散射测量，黄培康担任联合试验队队长，总体单位汪瑞昌任副队长。

由于靶场还没有测量多目标的精密相控阵雷达，第一次进行导弹飞行试验测量时，黄培康和他的团队在“110”远程精密跟踪雷达上连接了20多台套仪器，构成“目标特征测量支路”，其中，数字采集设备是由朱忠甫、曹俊良等人研制的，航天704所研制的中频磁带记录仪，其磁带盘的转速竟高于火车高速行驶时车轮的转速。

就靠这些设备，黄培康的团队在国内首次录取了目标飞行的回波中频幅相信号。然后，他们采用滞后多目标重放技术，利用相干信号，成功地获得多目标特征信息。

这是我国第一次在落区靶场测得反射式回波的再入弹道，较完整地测得目标散射截面及其起伏统计特性。靶场测量达到了试验大纲的要求，获得圆满

黄培康在110大型单脉冲雷达站从事目标特性测量与研究工作

成功！

此时的黄培康十分激动，他想起了多年前与钱学森的一次对话。那时刚刚30岁的他，在26所任研究室主任。一次，时任七机部副部长的钱学森问黄培康："对某飞行器的再入识别高度应在多少公里？"黄培康回答："理论计算为XX公里。"钱学森接着问能否以实际测量来证明？黄培康回答："现在不行，可能5年，或许10年以后行……"

现在，他终于可以回答钱老了——"能以实际测量来证明！"只是，令人感慨的是，由于种种历史原因，时间过去了不是5年，也不是10年，而是整整18年。

由于受地理条件限制，上下靶场的距离远小于飞行器的设计射程，试验时几乎是看着飞行目标从天上落下，这可是冒着一定生命危险进行的试验啊！

就在这次靶场试验过程中，出现了惊险的一幕。由于导弹降弧段与雷达视线形成大于76度的夹角，雷达自锁，停止跟踪。

导弹飞行的每一秒钟都是那么宝贵！在这个关键时刻，雷达操作员，一位青年战士奋不顾身地迅速爬上直径25米、高约40米的伺服平台，硬是把自锁装置手动撬开，雷达恢复工作，继续跟踪目标。

青年战士的勇敢行为，深深地感动了试验队的每一个成员。黄培康也被眼前惊心动魄的事件震动了。他从这个战士的事迹中再一次深深地体会到，航天事业的每一项工程都是千万人共同奋斗的结晶！每一次靶场测试的成功，都是全体参试人员以及那些未赴靶场的参研人员共同努力的结果，其中包含了无数像这位默默无闻、不畏艰险的战士一样的无名英雄的无私奉献。

试验数据处理结果令黄培康大吃一惊。虽然几年来以总体单位为主，207所配合，开展了一些理论分析和地面模拟试验工作，在真假目标电波散射特性、空域分布与运动特性、假目标释放机构等方面取得了一些成果，但他从靶场测量数据处理分析中清楚地看到，这次飞行试验采用的方案是不成功的。

黄培康在试验结果分析报告的审核意见中，以团队领军人物的负责态度，郑重地写下了以下审核意见："报告提交的再入目标全部散射截面数据，经过分析处理，最后得到的统计量级数值是正确的。更重要的是根据测量特性得到了对某方案需要改进的有益结论……这些结论非常宝贵，对方案改进能起到重要作用。"

黄培康带着靶场测量数据处理结果，到总体所沟通情况。不料一开始，双方就对这次试验的结论存在重大分歧。总体所领导认为："飞行试验表明，现在采用的方案基本成功。"黄培康则明确地说："试验数据处理结果表明，现在采用的方案基本失败。"

双方讨论得很激烈，从上午一直争论到下午三点多钟，连中午饭都没有吃。最后，双方终于达成一致意见：207 所暂不将这次靶场飞行试验结果向上级报告，由黄培康组织提出具体的修改意见，继续进行靶场试验验证。

1979 年 7 月，采用了修改方案进行第二次飞行试验。黄培康再次率领联合试验队赴靶场开展试验测量。试验数据处理最后结果表明，修改方案是成功的，预想效果有了明显改进。

第二次靶场试验以后，黄培康根据靶场飞行数据，继续进行静态相关的理论计算和测试，并在此基础上，正式提出第二次修改意见，被总体单位采纳。

1981 年，黄培康第三次率领联合试验队赴靶场进行飞行试验测量。对靶场测量仪器、设备不断地进行完善和更新，尽量采用先进技术，207 所第三次运达靶场的多目标测量支路及其测试仪器有 35 箱之多。这个团队还参加了型号首次全程飞行试验的远洋测量，在"718"远洋测量船的精密跟踪雷达上加装自己研制的测量支路，录取了宝贵的全程飞行雷达目标特性信号。

这次为型号服务的目标特性测量研究的成功，更加坚定了黄培康对于如何把握基础性研究方向的认识。他认为，像207所这样一个以基础性研究为主的研究所，一定要主动去争取型号中难度大的技术任务，用任务来带动基础性研究，只有这样，基础性研究才会有明确的方向。

1980年，“某型号110雷达目标特性靶场测量与分析”获得国防科委颁发的国防科技工作重大成果奖二等奖（当时还没有国家级、省部级正式奖项）。

黄培康在为型号服务的研究试验中表现出来的智慧和自信，源于他多年来一直从目标环境出发，对导弹飞行现象的深入研究。

为了摸清型号的雷达目标特性，他除了亲自带队参加110雷达靶场测试，还安排以下研究工作：一是让李柱贞继续进行理论模拟；二是安排皮德宝参加154-Ⅱ目标飞行弹道测量，进一步进行“大气过滤”方面的研究；三是安排向家武参加4511雷达的米波段特性测量。

为了确定全轨道雷达目标特性，他安排了陶巍、顾志贤对弹头飞行中段的特性数据进行统计分析，包括起伏特性、翻滚周期等；安排向家武进行再入段数据及再入现象的处理分析。

对于在再入段出现三次RCS突增的现象，他告诉向家武，需要从理论上找到解释，并要求得到国外同类现象研究的印证。当向家武把第一高度上的理论解释和美国测量船测得的同类现象的研究文章给他看时，黄培康十分高兴和满意。

为了弄清楚另外两个高度上出现的 RCS 突增现象，黄培康又多次安排向家武参加目标落区的飞行测量试验。当向家武把以上观察和研究分析报告送交黄培康审阅时，他为归档报告写上定名《雷达截面突增从何而来》的课题名称。

黄培康曾对试验录取的某型号目标回波信号和数据进行了分析研究，并于 1978 年 4 月 6 日，在七机部学术报告会上发表了有价值的研究报告。

黄培康在报告中介绍了他对飞行数据运用最小二乘参数估算法和最大似然估算法进行对数正态分布的概率密度函数的拟合处理的结果，并根据这个分析处理结果，对导弹再入跟踪雷达的技术发展方向提出了看法。

他着重指出，要根据目标与环境进行雷达波形设计，以解决防御雷达对再入目标的跟踪与识别。

他还指出，对于防御雷达最基本的要求有两点：一是高分辨、低旁瓣的波形设计；二是再入段多普勒速度过滤技术及相应记忆、数字跟踪技术。目前，国内的各雷达指标都没有考虑到这些要求来设计波形，因此，在再入段跟踪导弹会产生一系列问题。比如在某次试验中“110”雷达暴露的问题，即：距离分辨率太差，以致头、体无法分开；再入大气后，弹体爆炸，目标环境恶劣，目标跟踪困难，易丢失。这是防御雷达系统设计必须面对的新问题，应当引起高度重视。

胜利完成战略型号的科学测量和研究，对处于困境中的 207 所具有重要意义。一方面，这一课题的研究经费占这一期间 207 所科研经费的主要部分，支撑着全所的生存运行；另一方面，通过这一课题研究成果，第一次实现了目标特性研究为国家重大武器装备研制提供技术支撑，让人们看到了目标特性研究的作用和意义，提高了 207 所的影响力。

3. 沉稳的掌舵人

如果说黄培康担任老三室主任约三年半的时间走过的是一段艰辛的创业之路，那么，从他 1975 年任总体研究室主任到 1983 年任所科技委主任，领导 207 所雷达目标特性研究走过的全面开拓奠基的八年，是一段对一个学术领军人物眼光和毅力严峻考验的历程。

虽然七机部于 1973 年将 207 所的科研方向调整为目标特性研究，但是，由于防御武器研制逐步调整直至下马，目标特性研究暂时失去了目标识别对它的需求。国家其他武器研制对目标特性的需求尚不明确。

由于重点型号的需求牵引不足，207 所在那几年里经费较少，运行困难，有时甚至要借钱给职工发工资。这 8 年间，207 所成立时面临的老大难问题，也就是全所高度分散的问题，一直没有得到解决。由此也一再引发关于所的归属、集中地点等事关 207 所生存、发展的根本性问题的讨论，并一次又一次造成职工的思想波动。

而此时又适逢“文革”后期和改革开放初期，“出国热”“下海热”等一时成为影响航天科研队伍不稳定的因素。在这一段艰难而混乱的时期，黄培康始终不受来自各方面的干扰，坚定地按照自己的思路和设想，组织团队，力所能及地全面推进雷达目标

黄培康（右六）主持型号需求牵引技术研讨会

特性研究的奠基工作。

虽然黄培康本人不受当时社会思潮的影响，但他同时也是一个思想开放和包容的人。对于科研人员出国进修或办公司、搞开发，他能持一种客观的看法，而不是一概予以否定、排斥。

为了培养优秀人才，黄培康对条件较好的中青年科研人员利用对外开放的大好时机出国进修十分支持和重视。他支持毕业于清华大学的印国泰去加拿大多伦多大学进修，其进修回国后不久即担任 207 所雷达目标特性研究的专业总师。他还支持钱俭、严宗毅、孙菽芬、邵瑞康、王福恒、顾轶先等人员走出国门留学。

李柱贞提出出国进修的要求后，黄培康也表示支持，对他说："你先安心工作，让年纪大的人先出去。你出国的事，我会安排。"黄培康与李柱贞一起，在对进修前往的国家和学校，进行了调查、比较以后，李柱贞于 1985 年通过了国家教委的出国考试，1986 年去美国麻省理工学院进修。他回国后，进行了微波成像等前沿性科学研究。

朱振福 1965 年毕业于中国科技大学理论物理专业，207 所成立后在二室参加防御武器的某激光制导雷达研制，1975 年到总体研究室做光学总体工作。1981 年，二院进行出国人员考试前，他回湖南老家探亲，不知道出国方面的信息。黄培康及时给他写了一封信，不仅告诉他关于出国考试的消息和考试的具体科目，而且鼓励和叮嘱他："你是学理论的，有希望，赶快回来参加考试。"令朱振福更为感动和难忘的是，他赴美国南加利福尼亚大学进修离京时，黄培康亲自到机场送行。他进修完回国后，因为在美国进修的是非线性光学，想离开 207 所到另一单位从事该专业研究。黄培康得知后对他说："你不要走，'红旗七号'下一步要搞电视跟踪，我已经跟型号总师说过，也和所长说了，让你去搞电视跟踪。"就这样，朱振福按照这种安排到了"红旗七号"电视监控工程组，一直从事光电信息处理和光电跟踪制导设备研制工作，成为 207 所光电跟踪设备研制的领军人物和国内该专业领域的知名专家、博士生导师。

如果说 207 所的雷达目标特性研究团队是一艘航船，黄培康则是这艘船当之无愧的掌舵人，他不仅把握住这条船的航向，而且以他的睿智和一贯沉稳的作风，引领着这条船在风浪中前进。

黄培康身边的同事都知道，他的工作总是很忙。担任总体研究室主任后，他每天早早就来到办公室，下班走得很晚。白天他不是在办公室忙于与团队内外的人谈研究课题和学术问题，或静静地阅读书籍资料，就是到实验室亲自参加或检查实验工作。他是所里收到外单位寄来的学术刊物、技术资料和业务信件最多的人。

邬惠欣研究员是黄培康这一时期的工作搭档。他来自中国科学院力学所，是 20 世纪 60 年代初留苏归国的博士。1965 年，钱学森、郭永怀从力学所找来几个从事空气动力学研究的人员研究导弹飞行现象、探索目标识别技术，邬惠欣就是被选中的人员之一。邬惠欣也参加了 207 所建所的筹备工作。

黄培康任总体研究室主任时，邬惠欣任副主任。黄培康调任 207 所副总工程师，邬惠欣接任总体研究室主任。黄培康担任所科技委主任时，邬惠欣是副主任之一。他们俩长期在一个办公室面对面地办公。

邬惠欣在谈起对黄培康的印象时，这位已年过八旬、行动有些不便的老专家满怀深情地回忆道："当时二院的技术骨干都愿意搞'弹''站'，认为比较容易出成果，而老黄意识到目标特性对国家很重要，有许多值得深入研究的东西。老黄清楚，目标特性研究是基础性的，探索性强，不容易出成果，但是，看准的方向他能坚持，不动摇。""当时，207 所搞目标特性很困难，缺少设备，研究经费也少，许多人想走，但是，老黄心很静，沉得住气，也从不唱高调。他很勤奋，每天都很忙。他思想敏锐，工作很有条理，事情拿捏得好。""他潜心寻找目标特性为型号服务的切入点，利用靶场的精密跟踪雷达为战略型号进行动态测量，就是老黄组织大家搞成的。"

与黄培康一道开拓雷达目标特性研究的科研人员，在谈起黄培康时，几乎都会提到："黄总到 207 所后，他把握住了目标特性的研究方向。""207 所建所后很困难、很曲折，发展到今天很不容易，黄总在目标特性的研究方向上从没有动摇过。"

1980 年前后，部、院为了解决 207 所在北京集中的问题，曾两次考虑过将 207 所与其他单位合并的方案，都由于遭到部分科研人员反对而被否决，使 207 所得以保留下来。在这个过程中，作为一个研究领域的领军人物，黄培康的态度起了很大作用。

黄培康

黄培康院士传记

Academician Huang Peikang's Biography

第六章

面向国防　跨入一流

黄培康主导了“目标与环境特性试验工程”的实施，使我国的目标与环境特性研究取得了里程碑意义的进步，更使目标电磁散射研究达到了国际先进水平。

20世纪80年代，目标特性研究迎来了快速发展的机遇。首先在航天领域，第二代防空导弹研制对目标特性提出了强烈的需求；国防科技的相关技术，包括导引头、仿真、隐身与反隐身等，也都需要目标特性研究提供技术支撑。从20世纪80年代到90年代的十几年间，黄培康任207所科技委主任。207所所长徐根兴与科技委主任黄培康，分别作为国内目标与环境特性研究光、电两个领域的学术带头人，以敏锐的眼光和不懈的努力，连续三次抓住重要的发展机遇，使一个困难重重、动荡不定的研究所实现了跨越式发展，创造了我国目标与环境特性研究事业的辉煌。207所在国防科技领域的地位发生了重大变化，科研装备条件、研究实验能力和运行管理等都提高到了崭新的水平。

1.“试验工程”总设计师

20世纪80年代初，我国开始了第二代防空导弹武器型号的研制。现代战争中，武器系统的有效性有赖于对复杂目标及其所处的复杂环境的适应能力。研究和掌握各种目标及其所处环境的光电特性，对新一代武器系统的研制和使用至关重要。

航天工业部科研主管部门清醒地认识到目标与环境特性研究对于支撑新一代武器系统研制和航天技术发展的基础性作用。考虑到推动这一研究领域快速发展的紧迫性，航天工业部决定，要制定一个促进该领域快速发展的规划，并把这个规划草案编写和规划会议的准备工作交由 207 所承办。

经 207 所领导研究决定，由刚出任所科技委主任两个月的黄培康全面负责该规划草案的编写，并负责 207 所在这次规划会议上拟发表学术报告起草的组织工作。黄培康提出，207 所通过这次部规划会议应当达到两个目的，一是以航天工业部规划文件的形式明确型号研制对目标和环境特性研究的需求；二是明确为保证上述目标与环境特性研究任务完成而需要配套的研究实验条件建设，形成一个比较具体的实验室（场）建设改造、设备研制和引进计划。

1983 年 8 月，航天工业部在北京召开了目标与环境特性研究规划会。宋健副部长到会并作了讲话。

207 所所长王群和黄培康等在会上先后代表 207 所作了发言，介绍了我国目标与环境光电特性研究现状及其与国际先进水平的差距，分析了目标与环境特性研究在第二代防空导弹武器系统研制各个环节的重要作用，提出了提高我国目标与环境光电特性研究水平急待解决的主要问题及意见建议。

会后，航天工业部下发了《1984 年至 1990 年目标与环境特性研究专业发展规划》，明确了目标与环境特性研究发展的近期目标，为新形势下推动目标与环境特性研究事业发展提供了政策支持。

这次会议以后，黄培康琢磨，如何找到一个抓得住的东西，把会议文件的精神落到实处，而不是再像过去那样，传达会议精神走过场、落实上级文件停留于一般化的议论和口号。

黄培康考虑过将207所合并到二院仿真中心的方案，当时二院正在实施航天工业部“仿真工程”项目。此前，为解决207所长期分散的难题，航天工业部里曾提出207所与五院某单位合并的方案，但因所内部分职工强烈反对而放弃。

为了弄清目标特性与仿真技术的关系，黄培康让皮德宝等抓紧翻译了三本仿真方面的技术资料，在此基础上，黄培康与院负责仿真工程的领导、专家沟通207所与仿真中心合并的可能性。结果这个设想由于存在诸多现实的问题，最终被否定。

接着，黄培康与时任科技委副主任的徐根兴、科技处处长游雄等人继续探讨把航天工业部规划落到实处的方案。经过讨论，逐步形成了一个方案雏形：在形式上，它是一个有时间跨度的实施计划；在内容上，应当涵盖目标特性发展的重要方面，并且有较大的投资强度（千万元以上），能够支持较强的发展力度。

黄培康、徐根兴等带着这个初步想法找到航天工业部科技委常委陈怀瑾、部预研局局长李波（207所原副所长）、二院副院长方辉煜等，请他们给予指点。

这几位领导也都是对目标特性研究了解较深的专家。在与几位领导沟通、探讨的过程中，黄培康等人萌生了学习仿真技术、走“工程项目”的路子的创意。为区别于一般工程项目，突出项目的科研性和基础性，称之为“目标与环境特性试验工程”。

启动这样一个基础性研究试验工程的直接目的，就是要解决目标特性研究发展的基本条件问题，大幅度地进行研究试验设施与装备的更新、建设，尽快提高目标特性的研究能力和水平。

根据以往十多年的经验，由于目标特性带有较强的基础性研究性质，课题投资强度低，仅依靠课题研究经费难以解决研究试验条件的更新、建设问题。

黄培康对于“目标与环境特性试验工程”，有着深厚的情结和深入的思考。来207所之前，黄培康搞过雷达研究，既研制过地面大型雷达，也研制过飞行器上的导引头雷达。

当时雷达的水平，只能发现目标在哪里，不能指出是什么目标。而且目标常常是不合作的，有时还施放诱饵，使雷达分不清真假目标。在朝鲜战场上，高炮误打己方飞机的事情屡有发生，其原因就是雷达在显示屏上看到的目标始终是一个点目标，只能从高度和轨迹来粗略判断是己方的飞机还是敌方的飞机。

而国外从20世纪60年代开始，就在试制一种一维高分辨率的宽带雷达，在实验室与靶场均已试验成功。

黄培康20世纪70年代带队在上海进行“814”雷达改装，就是想研制中国人自己的高分辨率宽带成像雷达，由于难度太大，后来中断了。

现在，黄培康领导的研究团队有微波暗室和静态测试场两种实验研究手段，他下定决心，要通过实施“目标与环境特性试验工程”，实现他在雷达目标研究方面的未圆之梦。

“目标与环境特性试验工程”包含光、电两个领域，在电的领域，黄培康决心要突出解决隐身目标和目标成像两大难题，为我国雷达新体制“改朝换代”提供基础性研究支撑。

黄培康对“目标与环境特性试验工程”进行了初步设计、构思，包括建设 8 个测量系统、中心实验楼和新微波暗室，改造全尺寸目标静态测试场等。

黄培康把这个创意和初步构想向所党委和所务委员会作了详细汇报，得到一致同意。207 所领导对于“目标与环境特性试验工程”的创意高度重视，决定由黄培康和徐根兴二人代表 207 所向航天工业部领导汇报，争取工程立项。

黄培康、徐根兴向鲍克明副部长作了汇报。鲍副部长听后认为想法很好，指示他们把项目的初步设想向航天工业部的主管部门作详细汇报，然后航天工业部机关再作研究。

1985年，黄培康（左一）向航天部副部长鲍克明（左三）汇报

按照部领导的指示，他们向部的有关部门和专家详细汇报了“目标与环境特性试验工程”的意义和具体设想，得到了普遍的理解和支持。

1984 年 4 月，航天部科技委领导、二院领导和部院机关的有关人员到 207 所检察工作，明确：鉴于目标特性对第二代武器系统研制的重要作用，目标与环境特性需要作为一项工程项目来论证，应列为航天部技术改造和技术进步重点工程项目给予安排。“目标与环境特性试验工程”进入方案论证阶段。

“目标与环境特性试验工程”要达到什么样的目标？作为该工程的重要组成部分，“目标散射特性试验工程”在黄培康的心里有一个明确的定位和设想，那就是要通过工程的实施，在满足国家武器型号研制和相关技术需求的同时，在 207 所建设一个世界一流水平的目标电磁散射特性研究试验基地。

因此，“目标散射特性试验工程”不单是一项研究实验条件的建设、改造计划，同时也是一项研究计划，通过工程设施，在较大幅度地改善散射特性研究实验设施装备、提高研究实验能力的同时，出一批高水平的、实用的研究成果。

1984 年 5 月 30 日，在 207 所召开的“目标与环境特性试验工程”讨论会上，黄培康就工程的目的和意义、技术路线、基本框架、重点改造项目以及工程周期和经费预算等五个方面的主要问题做了中心发言，为工程勾画了一幅初步设想的蓝图。

该工程项目从1985年开始进行技术论证，经各级科技委多次技术方案审查，各级领导与主管机关逐级审批与上报，航天工业部于1988年正式决定“目标与环境特性试验工程”立项，后又列为“光学辐射重点实验室”和“电磁散射重点实验室”建设的重要技术内容。

在第一次“目标与环境特性试验工程”讨论会上，黄培康提议将207所的名称由“目标特性研究所”改为“目标与环境特性研究所”，这一提议后来得到了上级的确认。

黄培康作为207所雷达目标特性研究的学术带头人，精心指导“目标散射特性试验工程”的论证工作，对于写入工程的每一项建设和研究内容都仔细审查，字字推敲。

最后上报的“目标与环境特性试验工程”项目建议书中，关于“目标散射特性试验工程”部分的主要内容如下：

工程定位：“目标散射特性试验工程”是支撑先进武器发展和国防关键技术的一项重要应用基础性质的研究工作。

研究内容：新建、完善六套测量系统及其设备；开展六个方面的理论与测量研究。

这份“目标与环境特性试验工程”项目建议书勾画了一个高水平的目标散射特性研究基地的蓝图，明确了黄培康和他的团队未来的奋斗目标，也体现了他们缩短与世界先进水平差距的坚定决心。

黄培康是“目标散射特性试验工程”的总设计师和技术总负责人。他把自己在这项工程中的工作定位为：“立项与方案制定，6项测量功能研究，理论与测量校验，总结”。他是上述三项主要理论和测量研究的主要研究者和领军人物，还参加了“毫米波幅相测量系统”和“目标特征信号处理终端”两个项目的研制工作。

主管科研工作的陶巍副所长与黄培康一起领导了“目标散射特性试验工程”方案论证和实施的具体组织工作。

黄培康和陶巍副所长把团队最优秀的骨干力量选配为测量系统及其设备研制和相关研究的负责人：冯振勋负责室外全尺寸目标幅相测量设备研制；戴朝明负责室内宽带幅相测量系统研制与研究；许小剑负责两维成像研究；巢增明负责室内角闪烁测量；肖志河负责复极化散射矩阵测量研究；樊正芳负责毫米波幅相测量和室外角闪烁测量；向家武负责室外场地设计与建造；印国泰负责室内紧凑场验收与测量；杨爱秋负责微波无反射室设计……黄培康还邀请他最得意的学生之一、长期合作研究雷达目标角闪烁噪声的殷红成（当时还在空军某研究所工作，后来调入 207 所）负责角闪烁理论计算研究。

这批骨干力量，在开始承担“目标与环境特性试验工程”任务时，大多数都只有高级工程师或工程师职称，经过“目标与环境特性试验工程”实施的锻炼、提高，到工程圆满完成鉴定验收时，多数人都被评为研究员，许小剑、向家武、陈军文、肖志河先后担任了所长、副所长、科技委主任等职。

1991 年，黄培康调到二院担任科技委领导，并担任国家“863”计划领域某直属主题首席科学家，但他仍继续指导着“目标与环境特性试验工程”的实施，做好他所承担的课题研究工作。

关于室外全尺寸目标幅相测量系统设计，黄培康指出，由于系统工作频率要覆盖 3 ~ 18GHz，如果按照一个频段来设计，天线很难安排，可以考虑采用频段组合设计方案，以 8 ~ 12GHz 为系统的基础，向上扩展为 12 ~ 18GHz，向下扩展为 3 ~ 8GHz。黄培康的这个思路成为该系统技术方案的框架基础。

杨爱秋承担新微波暗室结构设计任务后，向黄培康提出，受当时 207 所设计能力和手段的局限，无法保证达到对微波暗室结构设计的高要求。她建议对

黄培康（左二）听取“3～18 GHz 幅相测量系统”工作汇报

黄培康（左六）参加“8～12 GHz 幅相测量系统”技术鉴定会

于关键的菲涅尔区计算，选择所外单位，委托进行软件开发。黄培康当即表示同意她的建议。207 所聘请西安电子科技大学的一位博士后，设计了专用的菲涅尔区计算软件，在此基础上再进行微波暗室结构设计。建成后的微波暗室背景电平达到了微波暗室建设的总体要求。

微波暗室自动化测量系统的关键设备，开始委托国内某大学研制，研制方案和进度都不理想。专业总师顾志贤看到国外某先进网络仪的资料后，向黄培康推荐。黄培康当即表示，引进该国的先进网络仪，在此基础上，再进行改造，并构成系统。

1988 年，所长徐根兴带队，国防科工委和航天工业部主管部门派人参加，赴美国考察网络仪等仪器设备引进。考察团出发前，黄培康找到参加这次考察的微波分部主任向家武，要求他这次考察除敲定网络仪引进之外，还需力争解决微波暗室吸波材料和 3 ~ 18GHz 系统的放大器引进。

这次考察签订了上述仪器、器材的引进意向书，另外，还签订了引进微波暗室紧凑场意向书。网络仪配套的应用软件无法引进，于是，黄培康决定自主研究与设计，他安排巢增明开发 RCS 测试软件，许小剑负责研制逆合成孔径成像软件，网络仪测量系统的微波成像软件是由肖志河完成的。

黄培康与他的团队先后攻克背景矢量相位相减、抑制支架后向散射波以及正交配置激光对准、宽带对角收发喇叭等精确安装对准技术，保证了系统具有先进的低散射电气性能和精度，组成的雷达二维目标高分辨成像系统，动态范围大于 45 分贝。

由于在各个关键环节坚持自行设计、研制和建设的高标准、高质量，建成后的新微波暗室及其测量系统测量雷达散射截面值可以测出百万分之一平方米，成像分辨率能够清楚地显现两根相距 10 厘米的大头针。建成国内唯一能测量目标角闪烁基地，技术参数和测量能力均居国内领先，达到国际先进水平。在数据处理方面，开发出了数字化旋转成像算法。为了提高微波暗室测量能力、扩大测量范围，研制了 8 毫米、3 毫米波段测量系统，在此基础上，又研制了双站近场扫描测量系统。

黄培康和他的团队还参照国外先进水平，对全尺寸目标静态测试场进行设计和改造。他们研制了多波段目标散射测量系统和角噪声测量系统及 5 厘米波

黄培康在我国全尺寸目标静态测试场工作

黄培康（左七）在全尺寸目标静态测试场做试验

段 RCS 测量系统，使测试场具备了六个波段测量系统和 3 ~ 18GHz 高分辨率测量系统，形成国际先进体制综合测量体系。新研制的大型外场目标支架，其低散射电气性能和承载力学能力均接近国际先进水平。建设了能够进行大双（多）站角测量的圆弧跑道和新的高平整度的菲涅尔区场地。新研制的大型精密遥控转台及终端数据采集处理系统使测量实现了自动化。

改造后的全尺寸目标静态测试场成为我国唯一的设备完善的大型全尺寸雷达目标静态测试场，可以开展多波段、多极化、多散射中心测量，跨进了国际先进行列。

杨爱秋深有感触地说："黄总总是鼓励、支持他的下属对科研工作提出意见、建议，并敢于拍板。"她在黄培康的领导下做了几个课题，很紧张，很累，再加上当时孩子小，家里有很多困难，真是很辛苦，但是干得很顺心，也比较容易出成果，她曾连续获得多项部级科技进步奖一等奖和二等奖。

微波暗室主任戴朝明说："黄总工作上给人最深刻的印象就是要求严格。"

在新微波暗室建设和静态测试场改造建设中，黄培康延续了在建设山上实验型微波暗室时对于各个环节、各项工作的高标准、严要求。他反复强调，新微波暗室建设和静态测试场改造都必须瞄准国际最先进水平，必须达到确定的技术指标，甚至说："做不到就别建"。

关于理论与实验两者间的关系，黄培康提出"理论建模，实验校模"的指导思想。黄培康强调，校模之后才算完成理论建模。"没有经过校验的模型，不准入库，否则就是害人"。这一指导思想，延续至今。

"目标与环境特性试验工程"是207所、也是我国目标特性研究事业发展的一个里程碑，它的成功实施，把我国目标特性研究条件和能力都提高到了一个崭新的水平。

2. 从服务航天到面向国防

"八五"期间，国防科工委对国防科技预先研究管理进行了一系列改革，其中一项重要改革，是按照技术领域和行业管理兼顾的原则，将预先研究项目设置为重点项目、一般项目和基金项目。重点项目包括跨行业（共用）重点项目和行业重点项目两类，其中跨行业重点项目从立项到计划的组织实施，都由国

黄培康在"目标与环境特性研讨会"上作报告

防科工委统一管理。

1986年4月，国防科工委召开了"目标与环境特性研讨会"。

黄培康、徐根兴敏锐地意识到国防科技预先研究即将进行的项目管理改革，对于以承担预先研究任务为主的207所将带来重大影响。

207所立即组织向家武、朱志浩、杨发明三人，按照黄培康撰写的提纲，用三个月时间写出了近十万字的《目标与环境特性研究浅述》科普小册子。书稿经黄培康修改后，印刷了300本，除了向出席会议的领导及与会专家发放外，还送往各级主管部门，全面介绍目标与环境光电特性研究的内容、方法及其对现代武器系统研制和多个国防科技领域的支撑作用。这本小册子对于加深国防科工委领导和机关对目标与环境特性研究的了解起到了很好的作用。

在这次会议开始前和会议进程中，黄培康、徐根兴等207所的专家围绕目标特性研究的内容和重要意义，向领导机关和与会人员作了大量生动的讲解和宣传，进一步加深了与会人员对于目标特性研究作用和地位的认识，在很大程度上统一了思想，形成了共识。

国防科工委科技委副主任叶正大在讲话中强调，目标特性是一项很重要的基础性研究。他举着手里207所印发的小册子说："如果对目标特性研究了解还不够，可以看一看这本小册子。"

"八五"期间，国防科工委确定了21个共性、基础性的重点预先研究领域（即跨行业重点项目），"目标特性及其传输"位列其中。不久，"目标特征及其模化"又被列入"国防关键技术项目计划"，标志着目标特性研究上升为国防科技的一个重要的共用、基础性研究项目，服务对象已经不再局限于航天行业，而是扩大到面向国防科技的各个相关工业部门和技术领域。目标特性研究有了更广阔的发展空间。

国防科工委的每个跨行业重点项目都成立了专业组，作为协助、支撑国防科工委管理该项目的专家咨询组织。专业组按照国防科工委要求开展该项目的中长期发展战略研究并提交研究报告，起草项目中长期计划建议及年度计划建议，对研究课题完成情况进行评估。在首届"目标特性及其传输"专业组中有三名专家来自207所。207所是该专业组的挂靠单位，207所为专业组配备了优秀的专业秘书，所以，这个专业组向国防科工委提交研究报告，建议文件初稿，大都出自207所人员，207所自然而然起到了国内光电目标特性研究的"龙头"作用。

"八五"期间，国防科工委成立的21个跨行业重点项目专业组中，徐根兴是首届"目标特性及其传输"专业组组长，黄培康是首届"目标特征信号控制（隐身反隐身)”专业组组长，他们二人都是国防科工委科学技术委员会的兼职委员，这也从另一方面大大提高了207所在国防科技领域的影响。

3. 打造国际一流实验室

1988年，为了改变国防科技预先研究条件相对落后、制约预研任务完成和科研水平提高的状况，国防科工委决定学习国家计委在中科院和高校建设国家重点实验室的经验，建设一批国防科技重点实验室。

为此，国防科工委科技委先立了一个“国防科技领域如何选择和建设重点实验室”的课题，进行咨询研究。徐根兴和黄培康都是国防科工委科技委的兼职委员，也都是建设国防科技重点实验室的积极拥护者、推动者。在国防科工委科技委的会议上，徐根兴主动要求承担重点实验室咨询研究。最后，国防科工委科技委决定，由徐根兴和黄培康二人负责组建课题组，领导该课题的研究工作。课题组由国防科工委预研局和207所的人员组成。

课题组在国防科工委科技委和计划部的精心指导下，经过10个月的紧张工作，圆满完成了研究任务。课题研究报告对国防科技重点实验室建设的指导思想、重点实验室的性质和方向任务、建设程序、方法以及建成后的运行管理等问题提出了明确、操作性强的咨询意见，并对具体实施过程中可能出现的问题，提出了解决措施和办法。

研究成果得到了国防科工委的充分肯定，为今后建设国家级“国防科技重点实验室”打下了基础。

在咨询研究后期，徐根兴和黄培康组织全所科研骨干力量，抓紧重点实验室建设项目申报、论证的各项准备工作。当国防科工委正式启动重点实验室建设程序时，207 所立即按照要求，上报了光和电两个重点实验室（“光学辐射重点实验室”、“电磁散射重点实验室”）的立项申请书。

由于目标与环境光、电特性研究符合重点实验室的性质和方向任务，“目标与环境特性试验工程”的实施又使 207 所的研究试验条件已经具备了较好的基础，兼以黄培康、徐根兴作为各自实验室的领军人物在本专业领域公认的学术地位，207 所申报的两个国防科技重点实验室项目都顺利通过了立项评审和项目审批，成为当时国防科技领域最早建立的一批国防科技重点实验室。

黄培康把该重点实验室看成是“目标散射特性试验工程”的延伸和提高。如果说“目标与环境特性试验工程”重点是解决一些实验研究手段和条件问题，那么国防科技重点实验室才是他心目中国内领先、国际一流的雷达目标特性研究的最好平台。

他在领导实验室建设任务书的论证、编写过程中，格外重视聚集团队智慧，放眼国际视野和长远发展，对实验室的研究方向和结构布局进行了精心设计。

“电磁散射重点实验室”的研究方向主要是理论建模、试验测量、特征应用等方面。实验室由多个分实验室构成。同时明确，“目标散射特性试验工程”纳入重点实验室的建设内容。

207 所成立后，长期分散在北京市的几个地方，几年前刚“挤进”二院的工业区，而国家又严格控制基本建设指标和经费，中国航天工业总公司批准和二院

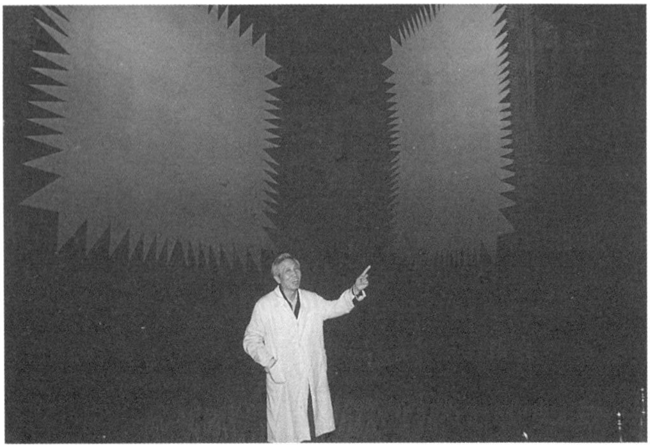

黄培康在我国大型紧缩场工作

黄培康（右一）指导科研人员对低散射飞行器在微波暗室内进行测量与研究

协调增加给“目标与环境特性试验工程”的技改基建指标只有2000平方米。此前，为解决207所在二院的集中，部、院只批准建设了一栋3500平方米的科研办公楼。这些基建面积加起来对于一个400多人，而且是以测量实验为主要研究手段的研究所来说，显然远远不能满足需要。

而两个国防科技重点实验室建设项目都包含有实验室改造、建设的内容和基建指标，拿到这一批新的基建指标和经费，对于207所来说，真如雪中送炭。在国防科工委、中国航天工业总公司和二院的协同支持下，批准207所新建近万平方米的“目标与环境特性试验中心楼”。

按照上级要求，中心楼建设的部分经费需由207所自筹，这对经济规模还很小的207所来讲无疑是巨大的压力。由于建设材料费、施工费和购买仪器设备的费用连年上涨，经费缺口使得建设周期延长。而建设周期延长，又使得建设经费的总盘子变得更大。连续几届所党委和领导班子，特别是所长徐根兴和继任所长赵基为解决中心楼和重点实验室建设的经费缺口问题，付出了巨大的努力。

到1997年，207所建成了近万平方米的现代化“目标与环境特性试验中心楼”，重点实验室有了良好的工作和环境条件。

在所中心楼建成的同时，黄培康和他的团队完成了建在汽车库上面的300平方米的新微波暗室的建设、静态测试场技改建设以及测量系统的研制。

建成后的室内目标散射宽带幅相测量系统主要用于缩比目标或部件进行散射幅相测量，进行大宽带的频域与时域测量和变换，进行微波成像多散射中心诊断。

吸波材料反射率测量系统主要为隐身技术服务，对吸波材料反射率进行评估与技术鉴定。207所联合国内另外两个知名的材料研制单位共同编写的《雷达吸波材料反射率测试方法》被批准为国家军用标准。该测量系统的性能指标达到国内最高标准，也达到国际标准，因此，国内吸波材料招标、评比与检定，均以此测量系统为电性能参数测试基准。

依靠吸波材料检定测量系统和隐身诊断系统，能够指导吸波材料在飞行器上涂覆在什么位置，涂多大面积。

吸波材料检定系统先后对外商推荐的十多种低散射材料作过检定，证明没有一种能用在飞行器上。

完全依靠自力更生，黄培康和他的团队研究出拥有自主知识产权的隐身材料配方和工艺（其间戴朝明研究员作出了主要贡献），在低散射尖端技术领域跨入国际先进行列。

黄培康团队参与了我国战略型号隐身理论研究、设计、研制、诊断与评估的全过程，建立了国内隐身研究和测量基地，为我国导弹隐身技术处于国际同类导弹先进水平提供了技术支撑。

室外全尺寸目标散射静态测试场经过改造之后，具备了隐身目标测试和隐身、突防性能评估的条件，使我国具有了反隐身、反突防的研究能力，其幅相测量系统可以测量全尺寸目标的多极化 RCS 和角闪烁，通过实现目标两维成像，准确确定强散射源的部位和强度，特别适用于全尺寸隐身飞行器的散射中心诊断。

实验室的其他测量系统也都各具应用特色，达到了很高的水平。到 20 世纪 90 年代中期，207 所在雷达目标特性领域室内、外场共建成了全尺寸目标散射幅相测量系统、单脉冲角闪烁测量系统、室内目标散射宽带幅相测量系统、馈源微动角闪烁测量系统、极化散射矩阵测量系统、吸波材料反射率测量系统。通过理论与测量研究、算法研究、理论与测量比对和室内、外场测量比对等工作，形成了五种测量与研究能力，即目标宽带 RCS 测量、二维高分辨率成像、目标角闪烁理论计算测量、复杂散射矩阵校准与测量以及吸波材料反射率测量。

特征综合应用研究室配备了现代化的工作站、目标特征信号处理终端系统、目标识别和图像处理专用软件、设备。他们研制开发的“目标与环境光电特性数据库”，采用多项先进技术实现图、文、数据一体化管理。库里存储飞机、坦克、舰船、车辆等十几类目标的光电测试数据与模型，达几十万条记录，其中许多已向型号单位提供使用，并按上级主管部门的要求，将库内存储数据目录分批次向有关用户部门、单位发布。

为了保证目标和环境特性研究成果的可应用性和质量，黄培康高度重视建立数据、模型规范和测试方法规范。他大力支持赵基所长和林桂森研究员为推动国防科工委建立“军用目标及其环境特性标准化技术委员会”所做的宣传工作和技术准备。委员会成立后，黄培康被聘为顾问，参加了相关标准的审定工作。

除了黄培康领导编写的《雷达吸波材料反射率测试方法》，207 所雷达目标研究团队编写的《目标与环境特性术语》《目标雷达散射截面数据格式要求》《室内缩比目标雷达散射截面测试方法》和《室外场雷达目标散射特性测试方法》等，先后被批准为国家军用标准。

通过实施“目标散射特性试验工程”和重点实验室建设，黄培康领导他的团队实现了一系列技术创新。这些技术上的突破和创新，有的对于电磁散射研究的理论和实验具有重要意义，有的为我国隐身诊断技术和突防诱饵研制提供了手段，有的对提高各类导弹末制导的制导精度提供了有力的技术支撑。

这些突破都对我国精确制导、隐身、反隐身与综合信息战等多项国防关键技术起到了不可缺少的支撑作用。

研究试验的硬件条件固然重要，但是，对于一个研究试验基地能力和水平起决定作用的还是它的科研队伍。黄培康在精心组织“目标与环境特性试验工程”和重点实验室建设实施过程中，一方面高度重视理论研究和工程实践，一方面高度重视科研团队素质和水平的提高，尤其重视不断补充高素质、有活力的年轻人。

黄培康和他的团队对于培养和吸引高素质年轻人才有很多优越条件，一个很重要的因素是重点实验室有电子科学与技术学科“电磁场与微波技术”专业硕士学位授予权，并与中国传媒大学联合建立了博士学位授予点。截至2009年，实验室有院士1名，博士、博士后15名，硕士18名，研究员18名，高级工程师17名。黄培康本人是博士生导师，实验室大部分研究员基本都是硕士研究生指导教师，是吸引高水平人才的良好平台。

从20世纪80年代开始，仅黄培康个人就先后培养了40多名硕士和博士，他们中的相当一批人留在了207所。在“目标与环境特性试验工程”建成验收时，207所的所长、副所长、雷达目标特性研究团队的室主任和工作骨干基本上都是黄培康等专家培养起来的年轻一代。

重点实验室不搞重复建设，每个技术领域国家只投资一个，实行“开放、公用”的运行方针。由黄培康担任学术委员会主任、陶巍担任实验室主任的“电磁散射重点实验室”，认真做好实验室研究基

1996年，黄培康（左）参加国际雷达会议，与雷达专家Farina共同主持“雷达目标”分会议

2001年，黄培康（左）参加国际雷达会议

1996年，参加第37届国际宇航联（IAF）大会的二院专家合影（左起：吕慧英、黄培康、黄纬禄、吴北生、钟山、王文超）

金立题和管理，开展多项学术交流活动。

截至 1997 年重点实验室建成验收，实验室本着“边建设、边运行”的原则，国内就有几十个单位的研究人员来实验室进行实验研究，十多位国内外专家来实验室进行学术交流。作为电磁散射逆散射学会挂靠单位，多次组织全国电磁散射与逆散射学术交流会；实验室还先后派出数十人次出国参加国际会议、学术交流或培训。

重点实验室不仅成为国内一流水平的研究试验基地，也成为本领域的学术交流中心。

1997 年 10 月，“电磁散射重点实验室”建成，通过了国防科工委组织的评审验收，批准投入运行。经过近十年的艰苦努力，“目标散射特性试验工程”的实施也随之画上了圆满句号。

在这个过程中，黄培康领导他的团队不仅在测

黄培康（左二）在重点实验室学术委员会成立大会上发言

量试验系统建设和实验室（场）建设改造方面取得重要进展，而且科研硕果累累，为国家作出了重大贡献。

从“目标散射特性试验工程”实施到“电磁散射重点实验室”建成前后十年间，黄培康和他的团队已为航天、航空、兵器、电子与船舶等工业部门和空军、海军、二炮等军兵种上百家单位提供了目标特性测量和研究服务。从专业来说，为战略和战术的突防，导弹、飞机与坦克的隐身与反隐身以及靶机、靶弹的标定与研制，提供了大量的实测数据。

“电磁散射重点实验室”已经自然而然地成为该专业领域的中心实验室，取得了重大的军事技术效益和社会效益。

在雷达目标散射特性测量研究方面，美国等发达国家对我国及其他发展中国家实行禁运政策，而“目标散射特性试验工程”的实施完成，打破了它们的禁运。

从“目标散射特性试验工程”实施到“电磁散射重点实验室”建成，黄培康和他的团队先后获得部委级科技进步奖一、二等奖 8 项。先后在国内发表论文 60 余篇，其中一级学报 14 篇。在 IEEE 发表论文 2 篇，国际学术会议特邀报告 2 篇。出版专著 3 部，译著 1 部。

1997 年 9 月，中国航天工业总公司专门组织了“目标散射特性试验工程”鉴定会，来自国内的一流知名专家一致对该工程建设取得的成果给予高度评价：“该成果具有创造性，处于同量级的国际先进水平，使我国成为继美国、俄罗斯之后第三个能完整地对目标电磁散射进行研究和测量的国家。”

“目标散射特性试验工程”获 1999 年度国家科技进步奖二等奖。

黄培康

黄培康院士传记

Academician Huang Peikang's Biography

第七章

登山小鲁　勇攀高峰

黄培康担任“863”计划某直属主题首席科学家，组织攻克了十大关键技术，集成了某飞行器第一代原理样机。2005年，黄培康高票当选为中国工程院院士。

1991年5月，国家高技术“863”计划某直属主题专家组换届，黄培康被任命为该直属主题第二届专家组首席科学家，离开了他奋斗了20年并深深眷恋的雷达目标特性基础研究专业岗位。面对全新的技术领域、全新的运行机制，担任首席科学家后，一直从事技术工作的黄培康深感责任重大，不敢有一丝懈怠，一手抓技术，一手抓管理，得到了方方面面的高度肯定，在整个“863”计划某领域中作出了承前启后的重要贡献。2005年，黄培康又以他高超的工程技术和学术水平，顺利当选为中国工程院信息与电子工程学部院士。虽然在事业、荣誉方面登上高峰，但黄培康依然视自己开拓的雷达目标特性事业如生命，为之殚精竭虑，始终不渝。

1. 重回系统研究高地，领导攻克关键技术

进入20世纪80年代，高技术及其产业迅猛发展，逐渐成为综合国力竞争的热点。要占有竞争优势，要在21世纪占有一席之地，就必须发展高技术和高技术产业。

面对国际形势的新变化，1986年3月3日，四位老一代科学家王大珩、王淦昌、杨嘉墀和陈芳允给中共中央写了一封《关于跟踪研究外国战略性高技术发展的建议》的信件，提出发展中国自己的高技术，振兴中华民族的倡议。

这封信迅速得到了邓小平同志的高度重视，3月5日，邓小平批示："此事宜速作决断，不可拖延"。

随即，中央组织数百位专家进行了极为严格和反复的科学和技术论证，并经中央政治局扩大会议通过，批准实施《高技术研究发展计划纲要》。由于小平同志批示时间为1986年3月，故后来就将国家高技术研究发展计划简称为"863"计划。

"863"计划选择了生物、航天、信息、激光、自动化、能源和新材料为其优先研究发展的领域。

为促进我国在航天、信息、激光等领域的技术发展，国家决定成立两个直属主题，并开展有关研究工作。

1991年5月，两个直属主题之一的专家组换届，黄培康被任命为该直属主题第二届专家组首席科学家。

之所以选择黄培康担任首席科学家，主要是考虑到他专业水平极高，并且

黄培康（左）任国家高技术某直属主题首席科学家时，主持主题专家组1993年工作会议（右为朱光亚）

国家高技术“863”某直属主题专家组全体专家合影（左起：林金、翟春惠、孙仲康、黄培康、林祥棣、沈振康、刘德成）

曾在20年前研究过类似项目。20年前离开总体的黄培康并没有想过，有一天他会重回“系统研究”高地。说“条条道路通罗马”也好，说“殊途同归”也好，总之，黄培康的人生仿佛说明了这一点。

与黄培康同时受命的专家组共7名专家（含1名顾问），除黄培康之外，其他六位专家分别是：孙仲康、林祥棣、林金、翟春惠、沈振康、刘德成。其中，除作为顾问的孙仲康教授年龄稍大一些，其余的人大多50岁左右，年富力强，精力充沛。

在专家组换届之前，成立了由朱忠元为主任、裘鑫根为副主任的，由7人组成的专家组办公室（注：办公室成立于1991年5月，专家组于1991年9月换届）。专家组挂靠在航天二院，办公室则挂靠在二院第二总体设计部。

接到这个任命，黄培康觉得非常突然。从1971年9月进入207所，到

1991年6月调离，20年来他一直在专业岗位上潜心于雷达目标特性基础研究。他已经很习惯而且也很适应这种环境了，现在要重回“系统研究与设计”这块高地，他的内心舍不得离开他深深眷恋的雷达目标特性专业科学研究，但已经没有选择的余地了。

国家高技术“863”计划项目有两个特点，一是前瞻性和牵引性，要让21世纪的中国在世界重要领域占有一席之地，必须坚持创新；二是国家队，要打破行政封闭，在全国筛选技术优势团队，搞大协作，项目代表国家在该领域的水平。

“863”计划的运行机制不同于一般研制任务，是首席科学家领导下的专家组负责制，首席科学家作为第一责任人，由专家进行技术经济一体化管理，并跨行业、跨部门组成国家队，代表国家来组织指导关键技术的攻关。

具体地说，作为首席科学家，不仅要负责对研究的技术方向、技术内容、技术途径和完成形式等技术问题进行组织、确定、协调和管理，还要对诸如项目的确定、研究计划、研制单位的布局、研制任务的分工和定点、技术的协调、研制过程中的审查验收、专家组的指导以及经费分配等进行管理。这些都属于他领导的专家组的工作范畴。

主题专家组下设办公室和专题专家组，主题的责任专家和专题专家组指导课题组，办公室根据工作计划代表主题专家组与课题承担单位签订研究任务书（合同）。由于两级专家组成员和课题组散布在全国各地，涉及各行各业、方方面面，因此，在项目中进行技术经济一体化管理，工作量和难度都非常大。

黄培康担任首席科学家后，一直从事技术工作的他深感责任重大，不敢有一丝懈怠，一手抓技术，一手抓管理。

“没有规矩，不成方圆”。黄培康上任伊始，就组织朱忠元、裘鑫根等就管理工作进行了多次研究，并针对有关工作提出了要求。在管理方面，该主题较为完整的管理规章基本上都是在黄培康这届形成的。尽管黄培康自己很少提及管理方面的事，有人问起，他往往说都是以办公室为主做的，其实他在管理方面做了很多工作，没有他的点题、布置、支持甚至亲自修改，办公室是难以完成这些工作的。

该主题第一届在管理上除国家颁布的有关办法外，基本上沿用了挂靠单位的有关规章制度。到了第二届，在黄培康的带领下，结合“863”计划运行机制和主题的工作任务等实际，制定了很多规章制度，如各类职责、财务管理、人才培养、固定资产管理、外事管理、课题管理、软科学管理、成果以及中间成果管理、档案管理等。从项目管理的角度看，这些规章制度比较配套。此外，黄培康还

1993年，某主题工作会议和软科学研讨会（左起：林金、黄培康、林祥棣、翟春惠、孙仲康、刘德成、沈振康）

亲自主抓完成了研究报告模板等标准模板。

有了规章制度，严格按照制度执行，就能够比较规范地管理方方面面的工作。因为“863”计划这种跨行政、跨行业的体制，没有自己的制度，就谈不上有效的管理。曾经有位“863”计划元老级的专家说过，在这种运行体制下，能做成事，管理的功劳要占50%。

黄培康在任期内的工作从各个方面看都做得很出色。譬如财务管理规定、技术经济一体化管理等，做得非常细致。以阶段式拨款为例，中间的课题检查与财务检查相结合，到哪个单位检查，顺带一起对财务进行检查。又如每年做预算时，针对课题要完成的内容，从财务渠道予以明确；决算的时候，除了经费以外，还要汇报任务的完成形式和完成结果。

这套管理规定的实施，对于该主题研究成果的取得发挥了基础性和约束性作用。

“863”计划运行机制下还有“竞争”机制。在黄培康的领导下，专家组把“竞争”机制运用得非常好，几乎到了极致，形成了几种竞争模式，这也是他在管理上比较有特色的另一个贡献。

这几种模式可以归纳为，一是竞争式，如不同两所大学间存在两种不同技术途径式的竞争；二是互补式，如不同两家研究单位都从事制导控制仿真研究，互相提供好的方法，其中一家的方法好，但没设备，就到另一家去做；三是考评打分式，如每年专家组向国内各个优势成员单位发放课题申报指南，受理各种课题，大家都可以报，收到的报告很多，然后由申报者进行答辩，在黄培康的主持下采取考评和打分来决定。

竞争机制的运用产生了良好的效果，一是节省了经费，二是研究效果好、研究进度快、研究质量高。这些模式，有的是黄培康想出来的，有的则是黄培康博采众长，采纳了其他同志提的建议。

黄培康非常重视人才培养，在他提议并主持下，专家组曾经专门制定人才培养办法和青年人才学术交流办法，规定每个出国交流团组的年轻人不得少于30%。在精心挑选的基础上建立了青年人才库，既有工业部门的（如航天一院、航天二院等），也有高等院校的，虽然人数不多，但库里的很多年轻人后来都成长为本领域的专家和学术带头人，譬如殷兴良（后任中国航天科工集团公司总经理）、龙兴武（后任国防科技大学教授）、许小剑（后任二院207所所长，现为北京航空航天大学教授）……从这些专家的成长来看，黄培康在选材、育人方面只有独到之处。

对于库里的青年学者，专家组站在国家的层面，由专家组专家和成员组单位联合对其进行培养，课题也优先由库里的年轻人承担。目前奋斗在第一线的主题与专题科研工作者，大部分都是那些专家和带路人的弟子。

黄培康以其亲身经历提出了对“系统”科研人员的培养方法。他认为培养一个“系统”科研人员，最好要先经过一段（3～5年）专业的培养与训练，这样就可以使“系统”科研人员可以真正体会到“系统”是“专业”的具体集成，而不是脑子里仅仅有框图、流程与理论公式，这对于他们将来发展为更高层次的“系统”级专家是非常有益的。

航天系统目前有众多的“总体部”，黄培康认为，有意识、有计划地从专业所调人来总体部担任航天系统工程的总体设计师，是人才培养的一条好途径。

黄培康还特别注重营造专家组的团队氛围。专家组专家以及办公室成员都感到专家组团队氛围的宽松而融洽，现在每每聊起来，都会不自觉地表现出对那段时光的留恋。大家认为，一是首席科学家造就了比较宽松和民主的学术氛围，在黄培康主持下，大家在学术交流的时候，可以畅所欲言、自由争论；二是黄培康平易近人，没有架子，与专家、管理人员之间感情深厚，关系融洽。

办公室是专家组的日常办事机构，作为黄培康的参谋、助手，既要负责各类管理、服务工作，也要参与技术研究和技术协调工作，非常重要。为此，他对办公室一是进行严格管理，二是充分发挥其作用，三是爱护同志们并关心他们的工作、学习、生活。他非常支持朱忠元提出的“团结和谐、高质高效、公正管理、热忱服务”的办公室工作准则。他对工作要求比较高。对工作中的不足，关起门来批评得较严厉，但对他们的工作总是大力支持，并对外非常注重维护办公室的形象。他对办公室人员的工作、学习、生活也非常关心。20 多年过去了，办公室的同志们与黄培康的感情仍然非常好。

为公正管理，他要求主题专家们不具体承担单位的合同性课题，得到了大家的赞同。他在尊重专家们意见的同时，注意充分发挥专家们的作用，按专业特长分别给专家们进行了分工，并每年给其确定软科学研究题目，使他们有职、有责、有工作平台。因为工作氛围好，大家都很喜欢在这种氛围下工作，工作效率大大提高。尽管专家组中每个专家在分配课题和任务时，在潜意识中或多或少地有为自己、为本单位着想的念头，但在黄培康的领导下，都能够站在国家的高度来处理和协调这些问题。

至今，黄培康还非常感激在他担任首席科学家期间与他共同奋斗、曾为"863"计划发展作出贡献的老科学家们。其中有中科院成都分院的林祥棣、航天一院的林金和刘德成、航天二院的翟春惠、国防科技大学的孙仲康和沈振康，以及上海技术物理研究所的方家熊、国防科技大学的高伯龙、浙江大学的杨国光、北京航空航天大学的张维叙、上海航天局的黄瑞生等。

在"863"计划这种特殊的运行机制下，黄培康用自己的实践，为这种科技体制的改革作出了贡献。"863"计划十周年时，国家"863"计划工作小组对于各个领域的工作进行了验收，在给各个领域的结论里，唯独花了一些篇幅对该主题的管理工作进行了肯定。这是个莫大的荣誉！

黄培康（左二）向我国著名电子学专家陈芳允（左一）汇报科研进展情况

黄培康在抓管理的同时，同样不放松对该领域技术发展方向的规划和把握，带领专家组梳理关键技术，并指导研究团队开展关键技术攻关，成绩斐然。

为加强主题总体的研究工作，从“系统”出发，搞系统论证。1990 年在二部筹建了新的研究室——八室。黄培康非常重视这个室，将其称之为“主题总体组（技术组）”，技术业务直接受黄培康和专家组的领导，其主要工作是在首席科学家主持下进行系统方案研究与论证。

之所以成立这个组，还有一个原因，就是两级专家组的专家非常分散，都工作在各自单位，不坐班，平时很难聚齐开会对有关技术问题进行日常性、常态性研究，所以，专家组层面的具体技术工作就要靠技术组来做。技术组的首任组长是时任八室主任的殷兴良。

钱学森曾说过，航天事业是一项系统工程，因此，必须从系统着眼，充分科学论证，在选择技术路线上少走弯路。黄培康在 20 年前曾专业性研究过这个领域的课题，因此，能起到一定的带领和指导作用。

黄培康领导专家组从“专业”出发，在全国范围内，挑选优秀团队，组成国家队，大致分探测、导航与动力三类分技术，而且每一类又有两家同时担任研发，既竞争又联合。

值得欣慰的是，直到今天，经过20多年的实践，这种机制与被选的单位绝大多数都没有变化，有变化的仅仅是更新换代了科研成员。

黄培康这一届在技术方向上非常波折，根据需求的变化以及受基础条件和政策的影响，经过多轮讨论修改，制定发展规划，最终确定了某飞行器两大方向，也相当于在国家的角度和层面规划了这两大方向。

对于该直属主题的技术方向，黄培康带领专家组、办公室、技术组做了大量工作。其间，为了战略发展的调整，不断论证；为了总体方案、技术指标及实现途径，不断研究。技术组的一项很重要的工作就是跟踪和研究国外的动向，那些年该主题的情报研究工作在黄培康的亲自主持下始终没有间断，每年都在加强，其中专题刊物也发挥了较好作用。

在技术途径方面，黄培康也做了大量工作。第一届专家组的工作是概念研究，最终成果是发展蓝图，基础来自于100余个课题，用了三年时间，最终汇总成发展蓝图，上报国家获得批准。到第二届，其重要贡献是对关键技术攻关。根据飞行器自身的需求，大幅度收缩研究内容，从第一届的8个专题缩减为第二届的3个。原来散布的100余个课题，聚焦成了30多个。

聚焦的过程要求首席科学家和专家组首先要对飞行器自身有很深、很清晰的认识，对国际形势和国内需求基础非常了解，会分解，然后才能做到方方面面的聚焦。这说起来很容易，但真正思考起来，要在脑子里形成物理信息，并不是一件简单的事情。据朱忠元介绍，此项工作难就难在要在国家赋予主题的任务、已制定的发展蓝图、系统的功能构成与分解、技术发展趋势、国内原有基础、技术途径与可行性、分系统或专项技术的基础及发展……等多维空间中思考、研究、选择和确定，而且必须要准。为此，黄培康主持了“评估与思考”、“再评估与再思考”、主题发展战略、发展规划指南等研究、制定工作。

在黄培康的主持下，强化了以战略规划研究为指导、以系统论证为牵引等工作。在缩减后的 30 多个课题的基础上进一步收敛和聚焦，最终又提炼出十大关键技术和三大实验室建设。

虽然十大关键技术中并不是所有的技术在后来的项目中都得到应用，但对我国相关领域的发展奠定了非常重要的基础。比如，激光陀螺、光纤陀螺等，当时虽然国内已开始研究，但没有项目牵引，以黄培康为首的专家组在选准其应用方向后给予了大力支持。譬如，有一大学老教授负责的激光陀螺，最初经费不多，队伍也不稳，老教授虽然非常能干，但课题前景并不是很乐观。黄培康领导的专家组看准了激光陀螺的方向，就重点予以支持，将其列为十大关键技术之一。除了给老教授课题之外，还帮助其大学进行技术引进，在国家的支持下，从国外引进了激光陀螺的加工设备和工艺。在引进的过程中，黄培康还亲自带队去国外。为了激光陀螺的研制，黄培康一年之内三次去学校，了解、指导和协调工作，解决问题。只要是黄培康看准了的，就不遗余力地支持，帮助解决问题，最后牵引出了一个领域。

此外，黄培康还非常重视中间成果的开发与应用，如对激光器、防伪商标等成果转移都给予了大力支持。

黄培康（左四）主持某成果鉴定会（左五为王大珩，左三为林祥棣，左二为林金）

1993年，黄培康（中）前往某大学视察全光纤陀螺试验

还有一个例子就是光纤陀螺。1991—1992年，光纤陀螺在国内还很弱小，在黄培康的带领下，重点支持了国内两所大学该领域的两位知名教授，他们两人的技术途径不一样，经黄培康领导的专家组在进行优劣比较之后，觉得各有优势，决定两家都支持。为了解决课题的技术问题以及协调问题，黄培康数次到这两所大学调研并指导工作。现在这两所大学研制生产的光纤陀螺基本上代表了国内的最高水平。可以说，这两所大学正是在黄培康这一届专家组的牵引和支持下发展起来的。

这些例子可以说明，就十大关键技术而言，一是方向认得准；二是确定的路子对；三是从形成的效果看，为我国这些领域和技术的后续发展奠定了坚实的、承前启后的重要基础。

在这个领域，黄培康首先关注到目标特性的问题，尤其是在第二届的后期，某飞行器不管上的是哪种导引头，都离不开目标特性和识别问题。

在黄培康的主持下，经过大家的努力，完成了多轮系统总体方案论证，攻克了多项关键技术，最终集成出了第一代某飞行器原理样机。在当时来看，该样机的技术水平、集成度等已经非常高了。但当时由于种种原因，未被批准做相关试验，试验最终被叫停了。这对于黄培康来说，是一大遗憾。

在黄培康的主持下，第二届专家组完成了开拓性和承前启后性的四大任务：一是在“软”的方面，持续性地进行跟踪研究、发展战略研究，指明了发展方向；二是在“硬”的方面，完成国内几个第一原理样机，即：第一个光纤陀螺、第一个差动激光陀螺、第一个激光陀螺惯导、第一个某类型的导引头、第一个某动力系统、第一个高精度的控制系统……集成了某飞行器第一代样机，这些技术推动、牵引了国内各相关领域的发展，为项目发展奠定了重要基础；三是选择、建设并形成了几个项目研究基地，初步形成了一支科研与管理队伍；四是在“863”计划运行机制下，创新了多种管理模式。其中最核心、最关键的是把“概念”研究发展为战略研究和攻克关键技术。这些工作为主题项目未来发展和国内有关技术领域发展奠定了重要的基础。从 2001 年起至 2006 年，黄培康担任“863”某领域委员会副主任委员，同时担任某主题监理专家组组长。国家成立这个监理专家组的主要目的，是为了加强技术力量，加强质量和技术状态管控。

专家委员会以顾问的形式存在，为各个主题提供指导，但监理专家组则不一样，具有监理职责，要抓关键项目、关键节点，要听两总汇报，要深入一线，还要深入基层进行技术指导、咨询和监理。在监理过程中，有什么问题可以直接提出来，也可以直接向上级汇报。黄培康领导的监理组为项目研制成功起到了促进作用。因方法、效果较好，还曾在有关会议上做过经验介绍。

2. 当选院士，实至名归

国家高技术“863”计划某主题的研制发展大致经过了三个阶段，即概念研究、关键技术攻关、地面试验与飞行试验三个阶段。

黄培康担任首席科学家期间，正处于关键技术攻关阶段。在他任职期间，红外传感器器件与分系统、激光与光纤陀螺及制导分系统等都出了不少国际先进水平的成果，相继获得了国家级成果奖，多人被评为两院院士。

在系统方面，他领导集成了我国第一代某原理样机。他所做的工作为在他卸任一年半后，整机相关试验圆满成功，再经过两代，甚至三代人的努力，最终获得了国家科技进步奖特等奖。

2003 年度，黄培康因他在雷达目标特性方面与国家高技术“863”计划某主题的研制方面的成果和贡献，首次被推荐为中国工程院院士候选人，投票结果，他与中国工程院院士“擦肩而过”。

2005 年，黄培康再次被推荐为中国工程院院士

黄培康（左二）与科技委同事严华（右二）、吕慧英（右一）和殷红成（左一）在一起

候选人。然而马上快到院士评选报名最后截止日期了，黄培康还没有按要求提交个人材料。二院科技委办公室的严华和吕慧英两位同志都很着急，问黄培康为什么还未提交材料。黄培康说，第一次被推荐没有成功，或许是因为自己的工程技术及学术水平并未达到中国工程院的要求，这一次就不必再参选了。

严华和吕慧英两位同志见劝说不动，就将情况向我国航天界元老黄纬禄院士进行了汇报。

黄纬禄想了想，首先拿起电话，向几位相关专业院士询问对黄培康的工程技术及学术水平的评价，几位院士都对黄培康工程技术及学术水平表示了充分的肯定，并对黄培康参选中国工程院院士表示支持。

之后，黄纬禄亲自找到黄培康，并且说，第一次参选结果差了一点点非常遗憾，不过候选人第一次一般很难让具有投票权的院士们充分了解和认可，以他向几位院士了解到的情况来看，这一次的结果可能会更好。在黄纬禄的鼓励下，黄培康在截止日期当天下午提交了个人材料。经过层层遴选，在第二轮自我申述答辩中，院士们对他给予了很高的评价，认为黄培康和他领导的团队积

2006年春节，中国工程院院长徐匡迪（左）为黄培康（右）颁发院士证书

黄培康（左）与黄纬禄院士（中）、于本水院士（右）合影

累数十年，获得了巨大的成果。

经过最后的投票评选，黄培康在信息与电子工程学部以第一名高票通过，顺利当选为中国工程院院士，实至名归。

3. 情牵事业，始终不渝

虽然在事业、荣誉方面登上高峰，但黄培康依然视自己开拓的雷达目标特性事业如生命，为之殚

70岁的黄培康在书房

精竭虑，始终不渝。

这具体表现在他对航天二院207所的关心上，特别是对雷达目标特性研究的牵挂。他始终急207所之所急，在很多场合都透露出这种关心和爱护。

207所历届所领导都把黄培康当成“不用聘书”的导师、顾问，凡是涉及科研和发展的大事，总要先向黄培康汇报，听取他的指导意见。黄培康看到需要提醒的问题，也会毫不犹豫地向他们提出来。需要他帮助、指导的事情，他会像从未离开过207所一样，认真对待，全力去做。

他始终想着目标特性专业应该怎么发展，人才应该怎么培养，事情应该怎么做，才对国家最有利……

多年来，207所雷达目标特性研究的重大选题，都是由黄培康把握方向。目标角闪烁研究、旋转目标微波成像研究、低散射目标测量技术研究、目标识别研究、某武器型号隐身技术研究以及隐身诊断系统、吸波材料检定系统研制等重要研究成果，都是在他的率领或指导下取得的。

调离207所后，黄培康站在高处，更了解国家武器发展对目标特性的需要，也更能洞察世界在该领域的发展动向。

他多次提出雷达目标特性研究要重视的新方向、新热点以及目前国内尚未引起重视但未来有重要应用前景的研究方向，如“微动”“宽带”“极化”“稀薄大气”，等等。

207所根据黄培康的指导、建议，开展了一个又一个新课题的研究。国内有的高等学校根据他的建议开展的研究课题也取得了很好的成果。

针对2000年后的历次重点实验室拓展提高以及207所的总体发展建设规划，黄培康都要对重大的方向和定位亲自把关，对重大问题予以提醒，甚至亲自找上级主管领导帮助解决。

以某地的室外全尺寸目标电磁散射测试场建设为例，原来207所的室外全尺寸目标电磁散射测试场位于北京西南某场地，但根据中国航天科工集团公司以及二院关于某场地整体规划要求，该测试场必须搬迁。

搬迁方面存在的诸多困难，尤其是要求的场地非常大，在北京附近不容易找。

黄培康从思想和技术两方面做工作，提出一是要转变想法，早搬比晚搬好，既然集团有想法，就要坚决执行上级要求；二是旧测试场太小，已经无法满足新型武器隐身性能测试的要求，最好是在北京附近找块更大的场地，一定要在目标特性测试中有所作为，起到真正作用，支撑重点型号研制。

黄培康所做的工作，最终促使207所领导下定决心搬迁。之后，207所在给国防科工委汇报，以及立项、选择地址、测量设备和测试技术攻关等方面都请黄培康把关，黄培康均给予细致的指导和帮助，并且多次亲赴场地，为其解决有关技术问题出谋划策。可以说，从该场地的谋划到建成，黄培康付出了大量的心血。

测试场已在某地建成，通过了军方组织的相关专家对测试场性能指标的确认评审。投入使用后，保障了以新型武器为代表的多个型号外场目标特性测试评估任务，同时为开展新型隐身武器性能的全面测试评估奠定了基础。

该测试场在隐身测试技术方面取得了一系列具有自主知识产权的成果，突破了国外在这方面对我国的封锁和禁运，其综合能力和水平国内唯一、国际先进，达到了当代美国波音公司的测试水平。

测试场投入试运行以来，受到了上级机关的高度关注，多位领导莅临测试场视察指导工作，对测试场达到的技术水平和发挥的作用给予了高度评价。

军方首长通过实地察看后很振奋，他说："没有想到有这样好的测试场所、测试设备、测试理念和测试技术，国家批了这么大的测试场所，也说明我们党和国家对加强国防建设、抓好军队现代化建设的决心和意志。"

总装首长在实地察看测试场建设和新型武器隐身测试情况后指出："这是大国地位的象征；没有这样的国家实力，搞不出这样的测试场，没有这样的高水平测试场，搞不出新的、高精尖的武器装备；这样的测试场是国家重大的基础设施，装备的隐身性能究竟怎样，需要到这样的测试场进行国家级标定，才可以做到心里有数。"

黄培康一直担任207所电磁散射重点实验室的学术委员会主任，为实验室的发展把握方向。

他认为，重点实验室的方向一是要支撑并承担国家级重大专项，二是要支撑并承担重大背景与在研型号，三是要提出目标与环境电、光特征的创新专业技术。

每年重点实验室基金指南发布时，黄培康都要亲自对指南的编写进行指导和修改，评审时必须亲自到场评点，为申请人员细心地解释前因后果，让申请人员明白为什么干、干什么、怎么干。每次重点实验室评估时，他都要亲自审阅修改报告、听取汇报、参加评估会、发表意见。

2011 年 8 月，在一次评估会上，黄培康的发言让评估专家和主管部门非常感动。

他说："重点实验室的挂靠单位 207 所是一个从事基础和应用基础的研究所，测试能力居国际一流，很有特色，开放性很好，承担的任务多，服务的对象广，不限于二院，其作用不可替代。但由于产品很少，主要靠预先研究经费来支撑整个所和实验室的正常运转，待遇不高，要求人员的学历却很高，真得很不容易，甚至可以说很难，希望专家们给予支持。"

黄培康始终认为，要保证目标特性事业长盛不衰，人才是关键。他在多种场合谈到这个问题，也有过深入的思考。

黄培康与207所青年朋友座谈

2008 年 4 月，他专门到 207 所做了题为“对 207 所任务和人才的一些思考”的讲座。

黄培康认为，技术人员要有“三定”：一定方向，即二级学科专业固定；二定任务，即年度任务固定（1~3 项，不能再多），任务中不同专业可协作也可兼顾；三定岗位，即与职称、职务挂钩，落实责任，管理与技术岗位分清，研究与测量岗位有侧重。

而培养与选好学术带头人更为重要。他将人才培养方向归纳为三类：一是研究类，即争取任务，承担课题，参加测量，出研究成果，具有效益，部分研究人员兼属重点实验室；二是测试类，即研制设备，构建测量系统，精通测试技术，上水平，出成果，完成所外、所内测试任务，出效益，全部测试人员基本归属重点实验室；三是管理类，即专项管理，科室、所管理和领导，争取任务，合理分配，科学调度，高效完成，允许兼职，但主次分明。

关于人才的引进和培养，黄培康建议：一是扩大以优秀硕士与博士为主的研究队伍；二是建立精通并熟练操作的测试队伍；三是有计划培养高级人才（在职攻读博士，帮带计划）；四是在明确任务的前提下，引进高层次学术带头人；五是严格引进人员的审考程序。

总的目标就是三点：一是培养一流团队，培养创新型骨干人才；二是扩大规模，以任务带动所建，成果与效益并重；三是构建科学、和谐、团结的企业文化。

黄培康

黄培康院士传记

Academician Huang Peikang's Biography

第八章

辛勤耕耘　硕果累累

黄培康致力雷达目标特性研究40年，在隐身技术、雷达成像、角闪烁等领域均取得了丰硕成果，并在我国微波遥感研究、提升目标识别水平等方面做了开创性工作，亲自撰写和组织编著多部著作。

从1971年近乎是白手起家起步，黄培康率领他的团队奋力开拓，锐意进取，到20世纪末，我国雷达目标特性事业跨入了国际一流行列。但是他从来没有停下脚步，他和他的团队一起，向着更高的目标不断迈进。弹指一挥间，黄培康已经为雷达目标特性研究事业的发展奋斗了40多年。作为学术带头人，他率领团队不断地创新、前进。作为一名科技工作者，他长期坚持做具体课题的研究工作，并且总是把自己研究的重点，集中在涉及本专业领域具有基础性、开创性并有很强应用背景的课题上，在雷达目标特性和相关领域取得了丰硕的研究成果。

1. 致力于隐身技术研究

隐身技术是目标特性研究支撑、服务的重要技术之一。

在隐身技术发展的历史进程中，电磁散射机理和雷达散射截面（RCS）计算与建模的深入进行，是隐身飞行器研制的重要技术基础，而大型试验外场和可供复杂形体目标测试用的微波暗室及其测试技术，则是隐身飞行器研制过程中不可缺少的技术支撑。

由于隐身技术的发展，目标的雷达散射截面（RCS）并不与它的外形尺寸成正比。一架飞机散射回波可能只有一只鸽子那样大。

为了测量隐身目标，人们需要设计整套设备和软件，使之能够测量比一支麻雀还小的回波目标。

以一个雷达目标特性专家的敏感，在我国隐身技术发展的初期，黄培康便给予了高度关注。

早在 1978 年，他就与北京航空学院张考教授等倡导研究飞行器隐身技术。他们首先从实践开始，凭直观感觉将一个飞行器全部涂上优良的吸波材料，结果发现雷达散射截面不但没有缩减，反而有所增加。

从此，黄培康和他的团队便与隐身技术结下了不解之缘。

20 世纪 80 年代，黄培康组织了一个精干班子，主要成员有林桂森、李柱贞、吕罂等人，开展隐身技术研究。

1987~1991 年，黄培康（前排右三）担任全国隐身反隐身首届专家组组长，图为全体专家组成员受朱光亚（前排右四）、叶正大（前排左四）、陈达植（前排右二）等领导接见

以我国的一个隐身型号研制为背景，他们先后开展了多个课题研究，从理论计算、实验测量，到隐身材料涂覆、隐身效果测量检定，走过了隐身研究的全过程，对飞行器隐身技术有了深入的认识。黄培康亲自撰写了《隐身技术效果分析》研究报告。

从1983年起，黄培康组织科研人员对国内外隐身技术发展状况进行了广泛调研，同时加强与国内关注这一技术的专家和科研单位联系，联手呼吁国家推进这一技术领域的发展。

得知国防科工委将召开材料科研工作会议，黄培康与张考教授及621研究所（今北京航空材料研究院）的有关专家进行了认真的策划与准备，利用这次会议的机会，向国防科工委提交书面的建议文件，建议确立隐身技术研究在国防科技领域的地位，加强这一领域的研究工作。

会后，为了进一步引起国防科工委对隐身技术研究的重视，黄培康组织有关人员撰稿，由《国外导弹技术》出了一期《国外隐身技术的发展》增刊，刊登了《隐身技术与隐身飞行器》《雷达散射截面技术基础》《巡航导弹和隐身技术》《隐身技术提高突防能力和美国空军隐身技术发展概况》等文章，这是我国第一部关于隐身技术的专集。

1987年，在国防科技预先研究管理改革中，目标特征信号控制（即隐身反隐身）被列入跨行业重点预研项目。黄培康担任该专业组首任组长，他组织专业组专家，在开展项目中长期发展战略研究，提出项目中长期发展规划建议，以及协助国防科工委搞好项目研究定点布局等方面做了大量工作。

黄培康深入研究、总结，最早归纳提出了赋形（外形）、吸波材料与阻抗加载三类低散射（隐身）机理，提出以阻抗渐变与阻抗匹配进行外形与吸波材料结构设计，获得成功。

他与他的团队提出了由复散射系数演算材料复磁导率与介电常数的方法，这个方法被认为科学合理。据此方法，他领导团队成功研制的吸波材料检定系统，已成为国内统一测评与检定吸波材料性能的主要手段。

他还创新地建立了 RCS 缩减与吸波材料参数的关系式。他在《中国航天》1992 年第 2 期发表的文章中提出，F-117 在工作波段前向 RCS 为 0.02 平方米，这与几年后德国公布的研究成果，即 F-117A 的前向 RCS 为 0.022 平方米，极其符合，再次显现了黄培康在隐身技术领域高超的研究水平。

国内目前普遍沿用的“隐身”译名是黄培康最早提出并得到同行认同的。

黄培康（右三）向有关领导介绍隐身飞行器的测量与研究工作

2. 开创雷达成像新技术

黄培康与他的团队是国内最早获得雷达目标两维成像的单位之一。

他们的研究路线是，从旋转目标开始进而转入小角度成像，针对超分辨成像处理，提出了一种成像新算法，创新地提出了“基于超分辨算法的阶跃变频两维成像技术”，在实验室获得厘米级超分辨雷达目标图像。

成果可直接用于目标的多散射中心诊断，清楚地知道哪里是强的散射点，哪里有行波与爬行波。这些研究成果也被应用于飞行器的景象匹配制导。

黄培康及其学生许小剑在研究旋转目标成像过程中，发现并纠正了 D.L. 门萨（Mensa）名著《High Resolution Radar Imaging》中的一些错误，并提出新的降低 PSF（成像系统的点扩展函数）旁瓣的新方法。黄许著文指出：D.L. 门萨（Mensa）在其著书中，曾将各种锥形窗函数用于旋转目标成像，并得出了 PSF 旁瓣不能减小的结论。但是由于傅里叶分析中的积分核函数 [迪雷克里（Dirrichlet）核] 与旋转目标成像的积分核函数（贝塞尔核）不同，因此，不能应用傅里叶分析中的锥形窗函数。他们提出一种用于图像再现中的旁瓣抑制的变迹滤波器（Apodization Filter）法，用来降低 PSF 的旁瓣，当相对带宽较大时，该方法相当有效。该文发表于《宇航学报》1988 年 9 期。

目标两维高分辨散射成像及散射中心研究

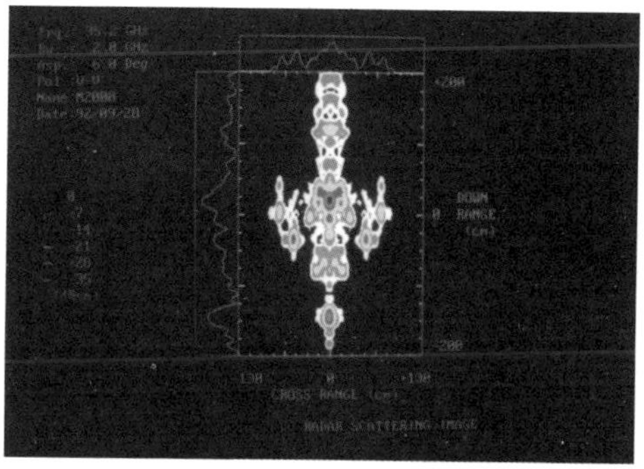

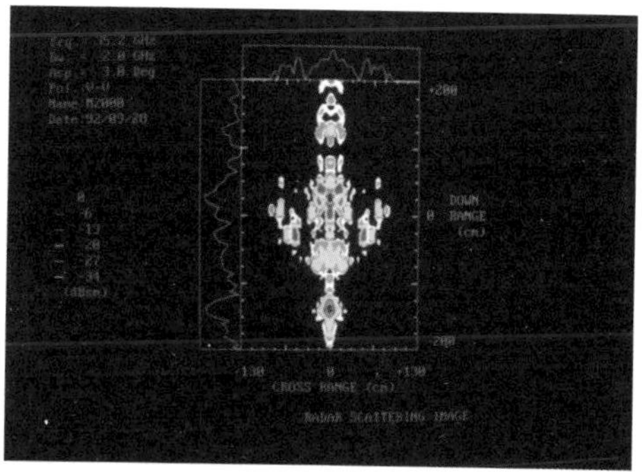

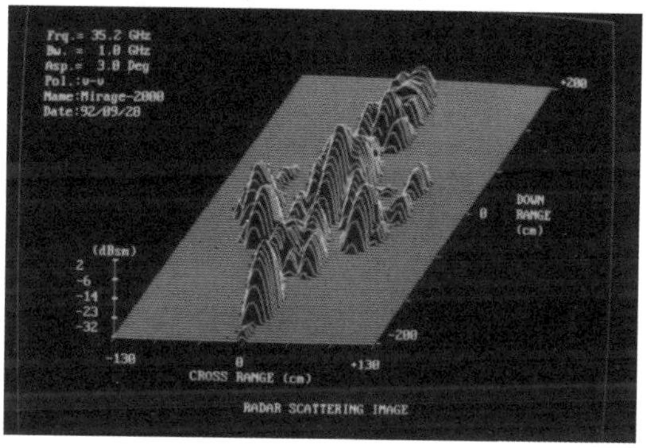

3. 耕耘于角闪烁研究

黄培康与他的团队系统地研究了雷达目标各类噪声，包括幅度、角闪烁、多普勒和距离噪声，清晰地告诉雷达界学者和工程师们，这些噪声不是雷达自身产生的，雷达只能针对其特征设法减弱它而不能彻底抑制它，当然也可以利用它作为真假目标识别的特征信息，例如微动多普勒噪声即是。

角闪烁就是雷达目标各类噪声中的角噪声。凡目标尺度能与波长相似或可比，并且具有两个或两个以上等效散射中心的任何扩展目标，都会产生角闪烁噪声。

由于角闪烁的线偏差值与雷达离目标的作用距离无关，因此，对远程雷达来说，角闪烁所形成的雷达角跟踪误差很小；可是，对导弹弹载导引头来说，角闪烁将是寻的（或半寻的）制导的主要误差源。

黄培康是国内最早领导开展目标角闪烁研究的学者。他与他的学生殷红成等在理论与测量两个方面进行了长达20多年的不懈研究，对角闪烁研究有一系列的创新发展。

他们明确指出，目标角闪烁与RCS一样，是同等重要的两种物理量，它表征了目标的固有属性，都是重要的雷达目标特征信息。复杂目标不同部位的散射强度和相对相位的随机变化，造成合成回波相位波前面的畸变，波前在接收天线口径面上的倾斜与随机摆动，就产生了角闪烁。

20世纪90年代初，他们对解释角闪烁产生机理的“能流倾斜概率”与“相前畸变”概念进行了

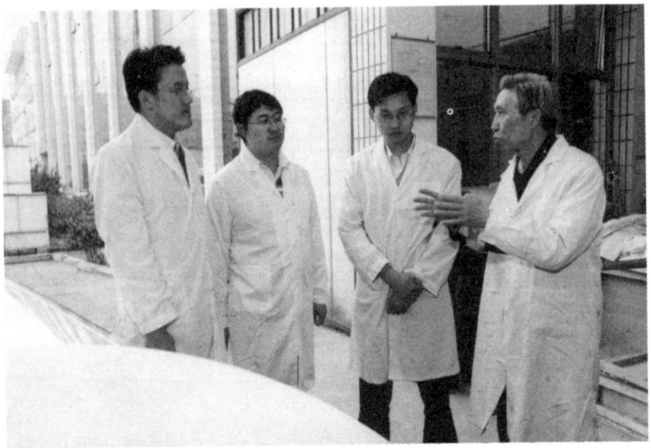

黄培康（右一）与科研人员讨论相关课题

一致性证明，指出各向同性媒介中在几何光学条件（波长→0）近似下两种概念是一致的。据此统一了相位梯度法和波印亭矢量法这两种角闪烁的计算方法。研究结果发表在1995年本领域国际权威刊物“IEEE Trans. On Aerospace and Electronic Systems”上。

之后，他们又从极化的观点出发，对角闪烁的两种物理概念和计算方法进行了深入研究。基于严格的电磁理论，指出并证明了当考虑接受天线极化效应时，在几何光学近似条件下，对线极化接收时角闪烁的两种计算方法是等效的，并结合雷达角跟踪原理，推导出目标角闪烁计算的一般公式，为角闪烁的计算和仿真奠定了理论基础，具有重要的科学意义，研究结果发表在2008年的“IEEE Trans. On Aerospace and Electronic Systems”等刊物上。

黄培康领导建立了国内唯一的基于馈源摄动法的室内角闪烁测量系统，从理论和实验两方面证实了角闪烁线偏差与距观测雷达的作用距离无关的结论，据此还提出了通过增强飞行器的角闪烁来诱偏跟踪雷达的新方法。

他们还揭示了角闪烁线偏差大值与RCS的强负相关性、频率域弱相关性以及角闪烁线偏差时间序列存在长自相关性或自相似的机理，以及在极化域发现角闪烁能产生三维极化耦合的新机理，提出了子波分析法、排序统计滤波法等角闪烁抑制方法，这些研究成果为各类雷达和导引头抑制或利用角噪声提出了新的有效途径，得到了很有价值的应用。

根据以上研究成果，黄培康推荐雷达角跟踪通道加RCS门限、雷达导引头采用瞬时宽带等抑制角闪烁技术。

他的研究成果分别被应用到体目标靶标研制和解决防空导弹中的引战配合上。他强调靶标不仅散射截面强度要模拟敌目标，角噪声也一定要逼真模拟，否则，靶场试验就变为电子游戏。

2001年，黄培康（右）参加国际雷达会议，并作大会特邀报告

这些研究成果在学术上处于国际前沿水平，曾在国际雷达会议上作特邀报告。

4. 开拓微波遥感研究

黄培康是我国开拓微波遥感研究的知名专家之一。20 世纪 80 年代，他从雷达目标特性研究的角度出发，涉足微波遥感研究。

目标特性领域涉及到面目标（海面、陆地）特性研究，很容易联想到遥感，因为遥感科学领域的实质就是“海（陆）面光电特征反演”，因此，遥感也是目标特性的研究范围。

1983 年 11 月，由中国宇航学会和中国空间学会主办，在浙江普陀山召开“全国遥感大会”，黄培康和 207 所所长徐根兴共同主持了这次会议。黄培康和他领导的团队当时正在研制的 16GHz 微波散射计得到大会肯定，是全国该领域最早研制的微波散射计。

1987 年 2 月，黄培康参加了联合国科教文组织在意大利的里雅斯特举办的“地球资源开发与遥感”研讨班，为期两个月，机票和生活费均由联合国提供。中国代表 8 人，黄培康被推选为首席代表。他在会上作了《中国微波遥感》的报告，并担任遥感专题研讨会的主持人。

在这次研讨班上，黄培康学到了许多新知识。回国后，他与顾志贤等团队成员成功研制了我国第一代 8 ~ 16GHz 微波散射计，用它与毫米波辐射计联合进行了陆地（森林、草地、高粱玉米地、混凝土地）、海面（不同海情和海面目标）的测量，提取各类目标的后向散射系数与亮度温度特征，提出了一种散射/辐射参数组合的目标分类方法，显著提高了面目标的分类与识别概率。

20 世纪 80 年代，我国遥感科学研究得到快速发展。黄培康作为国内这一研究领域的开拓者之一，他领导的团队在国内取得了一定的发展先机，他也很想带领他的团队继续为发展微波遥感研究做更多的工作。

为了开展环境特性研究，他曾带领顾志贤、向家武和陈军文赴美国，考察遥感和环境特性测试的科研机构及大学实验室，回国后，组织开展了相应的研究。

1987年，黄培康在联合国教科文组织“地球资源开发与遥感”研讨班上作《中国微波遥感》的报告

1996年，黄培康（左）访问美国休斯敦大学，与Robert教授（右）合影

5. 不辍提升目标识别水平

防御武器目标识别是207所作为目标识别所的使命所在。黄培康自1971年进入207所至今，40多年过去了，几经曲折，在黄培康的精心培育和带领下，随着国防科技的发展及国防建设的推动，防御武器系统目标识别又迎来了发展的春天。

黄培康一直关注目标识别技术难点问题，追踪国内外研究现状，是207所目标识别技术的鼻祖，是国内目标识别领域的资深专家，他对目标识别发展趋势非常敏锐，经常指引一些新的识别方向。2006年，黄培康提出稀薄大气层相对运动特征提取的识别思路，指导207所开展相关的立项论证工作，并将稀薄大气层相对运动特征识别专门列入航天支撑项目进行研究。

黄培康曾多次受国防科大邀请，前往ATR实验室进行识别技术的讲座和讨论，曾担任该重点实验室的学术委员会副主任，并亲自指导学校开展目标识别技术研究。

黄培康非常重视目标识别技术的工程应用，尤其是雷达识别器的研制开发。

在黄培康的倡导下，某防空导弹系统制导雷达加装了目标识别器，识别结果为防空导弹系统引战配合设置提供了重要依据，是首个在防空型号中应用的目标识别产品。

在防御武器系统中，黄培康也极力推荐目标识别算法形成硬件产品，充分利用雷达资源，以提高目标识别能力。

2013 年，黄培康提出了目标识别中心的原型系统，亲手绘制了关于体系多传感器识别系统的架构图，对各传感器信息流、识别流程和各功能模块都进行了详细的描述，为目标识别中心奠定了大格局。黄培康手绘的目标识别架构图一直珍藏在设计师手中，成为技术人员识别研究的重要依据。

2014 年，在一次汇报会上，黄培康曾针对目标识别向中央军委首长进行了汇报，受到了高度重视，首长专门对识别相关问题作出了重要批示。

6. 著书立说，传启后人

谈起黄培康写书的事，就要提到我国无线电电子学的开拓者之一蔡金涛先生。

对于蔡金涛的名字和他的学术成就，黄培康早在 20 世纪 50 年代上大学的时候就耳熟能详，因为在课堂上教授告诉学生们，全世界广播接收机均采用超外差体制，其中接收信号与本振统调得到固定的中频 465KHz，而全中波段三点统调的最佳值属中国的蔡金涛先生算得最精确。况且，20 世纪 60 年代蔡先生担任二院副院长兼二部主任的时候，黄培康在二部任工程组组长，蔡老对黄培康非常了解。

1988年在祝贺蔡先生八十寿辰时，蔡先生对黄培康语重心长地说："黄培康，一个人的知识积累有一个高峰期，人的年龄愈大，知识当然也愈丰富，但积累知识的脑细胞要死亡的，年龄越大，脑细胞死亡得越快。人的大脑活动有一个高峰期，大概在50岁至60岁之间，你现在正在这个年龄期间，要趁高峰的时候著书立说，将学术与知识传给后人。我自己就错过了这个机会。"蔡先生的这一席话，黄培康一直铭记在心。

1988年，黄培康53岁，潜心从事目标特性研究已有近20年时间，虽然也经常写些学术文章，主编过《导弹与航天丛书》的有关分册，但还没有系统地梳理过自己所掌握的知识，并将实验测量数据进行模型化，提升到较高的学术水平。

黄培康清醒地认识到，50多岁的年龄、精力充

黄培康（左一）祝贺蔡金涛先生（左二）八十寿辰

沛的身体条件，正是他著书立说的最好时期。他要立刻行动起来，梳理已经积累的知识，并上升到理论的高度。

黄培康首先对近20年来领导团队奠基、开拓我国雷达目标特性的理论和实验研究进行了梳理，经过周密构思，由他提出撰写提纲，组织团队的主要骨干林桂森、樊正芳、印国泰、许小剑、殷红成、杨爱秋等人参加，编写了国内第一部雷达目标特性研究专著《雷达目标特征信号》。

《雷达目标特征信号》系统地阐述了雷达目标特征信号研究的基本内容、方法及其重要意义，包括雷达散射截面（RCS）、目标角闪烁、目标极化与相位特征、多散射中心与微波成像等。叙述了雷达特征信号测量技术，包括标定、测量原理、测量设备以及室内室外测试场等。介绍了目标识别以及目标特征信号在识别中的应用。书中还给出了在实践中常用的曲线、图表与数据。

这部著作全面、系统地总结了黄培康和他的团队近20年来在雷达目标特性研究领域的主要成果，全书共38.1万字，是国内雷达目标特性研究领域的奠基之作，被亲切地称为"目标特性红宝书"。

黄培康作为该书的主编，承担了撰写提纲、组织编写、审稿定稿等工作。他还独自编写了全书九章中的四章，参与编写了三章。该书于1993年由宇航出版社作为《导弹与航天丛书》中的一册出版，这本书虽然是20多年前编著的，但至今仍有不少读者购买，很受欢迎。

编写出版第一部雷达目标特征信号专著以后，黄培康又应《雷达技术丛书》编委会的要求，按照雷达设计者的需要，开始编写一部新的关于雷达目标特性方面的专著:《雷达目标特性》。

在黄培康看来，雷达设计者的任务，就是从自然与人为的复杂电磁环境中获取关于目标更精确、更多的信息。从本质上讲，雷达设计参数应与雷达目标电磁参数相匹配，雷达目标研究也应与雷达同步发展。

黄培康担任主编，他的两位得意学生殷红成、许小剑配合完成了这部专著。该书为配合先进雷达的设计，较详尽地阐述了雷达目标散射截面（RCS）的新一代起伏模型，增添了目标的角噪声与多普勒噪声、目标宽带极化散射矩阵、目标多散射中心与高分辨率距离像（HRRP）等新内容，雷达目标仿真技术也与先进体制的雷达仿真相结合，所有这些都尽量包括了雷达目标近十多年来的最新研究成果，使该书内容保持先进性。

该书坚持以实践为背景进行取材，对大量数据进行了模型化，对理论推导公式进行了实验验证，因此，概念清晰并结合应用。书中给出了在工程设计中常用的大量曲线、图表和数据，如金属定标球雷达散射截面的精确数据和常用的计算程序等，因而使这部专著具有实用性，为雷达研究与设计者分析各类雷达目标电磁参数的特征提供依据。

《雷达目标特性》全书近 40 万字，其中第 1、4、6 章和第 3 章部分内容由黄培康编写，第 2、5、7 章和第 3 章部分内容由殷红成编写，第 8、9 章由许小剑编写，黄培康对全书进行了统稿和修改。207 所的陈军文、肖志河、巢增明等多位黄培康的学生都为该书的编写、出版提供了帮助。2005 年 3 月，该书由电子工业出版社作为《雷达技术丛书》中的一册出版。

黄培康在编写这部专著的过程中，延续了他一贯的严谨、严格的治学态度，要求自己和两个学生对编写内容坚持精益求精，努力使这部专著具有较高的学术性和工程设计的实用性。为此，他们付出了大量而艰辛劳动。

黄培康上班时间忙于完成科研任务，业务出差也很多，只能靠周末和节假日进行这部书的编写工作。

该书第四章“雷达散射截面起伏统计模型”中，有关“模型”的理论推导、公式与实用曲线，全部是他在 2003 年“非典”期间，关门在书房内连续十天潜心完成的，结论是：雷达目标回波幅度的起伏可以用 $\chi 2$ 分布的通用式来表征，它的双自由度 K 可以不是正整数，可以代替传统的斯怀林 1、2、3 与 4 各类模型，为雷达探测提供了规范统一的目标回波起伏概率统计算法与模型。

不到 10 页书的理论推导和曲线，黄培康足足花了十天时间，闭门辛勤工作。他又一次体会到了写书的艰辛。但看到辛勤劳动换来的可喜的学术成果，想到自己的劳动可能对雷达目标特性研究同行和雷达学术界、工程界带来的有益指导，他又感到很欣慰，也再一次感受到了做学问的乐趣。

黄培康编写这部专著，从构思框架到脱稿，用了近 10 年时间，还不算前期积累资料的时间。当时他还不会用电脑，几十万字的书稿全是以“爬格子”的方式、在 400 字 / 页的稿纸上一个字一个字地写出来的。

回顾那段写书的过程，他说：“回过头来想想，当时是何等辛苦！可是在写作时并没有感觉是负担，也没有觉得辛苦，只是想把书写成、写好。辛勤写书，乐在其中。”

黄培康组织编写出版的这两部专著，成为我国雷达目标特性领域最重要、最具权威性的专业书。

2007 年的一天，黄培康在中国科学院某研究所参加一个会议，一位与会人员走过来告诉他：《雷达目标特性》一书已获得“第一届中国出版政府奖图书奖提名奖”。

这次评选是 2007 年首次由中华人民共和国新闻出版总署主持的，从全国成千上万种图书中评选出“图书奖”50 种、“提名奖”50 种。整个评奖过程著作者一点都不知道，完全是从图书出版的角度评选出来的。由此可以说明，该书编写非常规范、严谨，从文字到曲线、图表，错误极少。

黄培康经常收到一些读者来信，向他请教有关问题，使他体会到著书立说所起到的传道授业的作用。

几年前，电子工业出版社社长告诉黄培康，其在美国麻省理工学院图书馆阅览室的书架上，看到了《雷达目标特性》这本书。可见这本书传播之广。

也有人建议黄培康把《雷达目标特性》翻译成英文出版，他也曾想尝试，但终因年龄不饶人，自己感觉精力已不足以完成这项工作。

黄培康曾应少年儿童出版社邀请，主编《十万个为什么》丛书(第六版)的《武器与国防》分册(该分册有三位主编)。

《十万个为什么》作为中国影响最大的科普读物之一，自1961年第一版开始，伴随着几代中国人走过了少年儿童时代，已经成为深受欢迎的经典科普丛书。

第六版《十万个为什么》集结最权威的作者队伍，由全国政协副主席、中国科学技术协会主席韩启德院士担任主编，21位中国科学院和中国工程院院士等顶级科学家担任分册主编，110余位两院院士组成编委会，来自全球多个学科的700余位优秀的科学家和科普作家参与了丛书的编写工作。阵容强大的编委会和作者队伍，为新版《十万个为什么》的科学性、前沿性、权威性和可读性提供了可靠的保证。

《武器与国防》是这一版丛书新增加的分册。黄培康愉快地答应了出版社的邀请，担任该书主编之一。他认为，自己一辈子写了不少书和文章，现在能为孩子们编写一本好的科普图书，实在太有意义了。

这也让他想起了钱学森曾经对他说过的话："一个科学家不能把自己的专业知识给非专业的人讲清楚，让他们听明白，那说明他的专业知识没学好。"然而，随着网络化程度的加深，很多青少年遇到问题会"百度一下"，这对《十万个为什么》的出版是很大的挑战，除了知识性以外，丛书的编辑还要注重趣味性。

对于怎样诠释好武器与国防这个主题，让黄培康颇费思量。"中国人喜欢看武侠小说，我们可以介绍每一种门派的武功招式，也可以让人们从全局上了解这个武林。"黄培康用武侠比喻武器，他的编书思路由此开启。

在书的开始部分，黄培康用了很大篇幅介绍战略防御的思想。在国与国相处时，有一种动态平衡叫战略震慑，震慑的实现需要各种先进武器的保障，这就解释了为何我国要发展尖端武器，却又承诺不首先使用它们。

黄培康在书中贯穿的另一个思想就是人对于武器的作用，他一直认为人是第一位的，军事技术的推进，最重要的是人在里面起作用。

黄培康把这本书的具体编写工作交给《系统工程与电子技术》编辑部的年轻人来做。他认为，通过这本书的编写，可以带动这批年轻人实现由原来组稿、编稿到编写图书的突破，促进编辑队伍的成长，也可以扩大编辑部在国内的影响。

在编写过程中，从条目的确定，到哪些武器可以写、哪些武器不能写，从武器名称、相关技术的准确表述，到哪些武器可以向哪位专家咨询，等等，黄培康对编辑们给予了具体、细致的指导，最后，对书稿进行了仔细审改。

上海书展期间，举行了《十万个为什么》第六版出版的发行仪式，中央政治局委员、上海市委书记韩正和多位院士出席了发布仪式。《武器与国防》分册大受欢迎，销售火爆。

由《系统工程与电子技术》编辑部编辑的《军事文摘·科学少年》即将出版，这是全国唯一的航天专业少儿科普杂志。黄培康承诺撰写“卷首语”。他认为，关心科普，在少年儿童中播种热爱航天的种子，是老一辈航天专家不可推卸的职责。

7. 呕心沥血，翻译经典

20 世纪 80 年代初，我国的微波遥感技术方兴未艾，在许多领域，尤其是在地海杂波的散射、辐射特性的物理机理和模型、散射和辐射电磁波的测量研究等方面，与国外相比存在很大差异。

美国在20世纪60～70年代，在NASA、国家科学基金会以及国防部的资助下，开展了微波遥感领域的系统研究和外场测试，取得了丰硕的理论研究成果，积累了大量的测试数据，并验证了许多经验模型。整个项目由美国Kansas大学的遥感实验室承担，参与研究的科学家中包括F.T.Ulaby，R.K.Moore以及冯健超（华裔）三位教授。

他们将20年的研究成果汇聚成三部著作，堪称微波遥感的世界经典巨作，即《微波遥感基础和辐射测量学》《雷达遥感和面目标的散射、辐射理论》《体目标的散射理论、先进遥感系统及其应用》。1982年，Addison-Wesley出版社出版了上述三部著作。

该领域的研究成果对于微波遥感的理论和技术在大气、气象、行星表面观测、国防等领域的应用，起到了极大的推动作用。例如，20世纪80年代，美国航天飞机搭载的合成孔径雷达成像SIR-A、SIR-B、SIR-C等，首次从空间获得全球不同地区的雷达影像图，特别是沙漠下的地形、地貌；20世纪80年代冷战期间部署在西德的潘兴II导弹，采用了基于微波遥感的雷达景象区域相关匹配定位的精确制导技术。

为了将国外该领域的研究成果介绍到国内，科学出版社组织相关专家，通过公平竞争，角逐翻译权。

黄培康凭借自己坚实的专业理论基础和出色的英语功底，毅然接受挑战。按时交上了原文的前言翻译稿，与中国科学院电子所汪一飞一起赢得了本书第二卷的翻译任务。

翻译稿要求达到“信、达、雅”。译者必须具备很高的语言驾驭能力，译文要忠实原文，即“信”；译文要表达原文的思想、意境，读者易懂，即“达”；译文要求文字优美、文风优雅、吸引读者，即“雅”。

科学书籍的翻译既要语言精练又要表达准确，需要译者“咬文嚼字”，同时更要求译者与作者在同一研究领域具有相当的专业技术水平和认知能力。

黄培康精心耕耘，每翻译一处均“谨小慎微”，首先核对和校对原文的措词、公式以及图表，然后遣词造句，以求精悍通达。面对这部世界名著，据统计，他悉心负责，对全书共释注 17 处，公式校正多达 22 处。

翻译相当于二次创作，特别是对名著的翻译，需要译者精力高度集中。年富力强的黄培康承担起这项繁重的任务，为了完成这部长达 1064 页的英文著作的翻译，他经常挑灯夜战。这部经典著作的翻译绝大部分是黄培康利用业余时间完成的。

因为家里的住房面积不大，有老人、小孩，在翻译这本书的一年半时间里，黄培康大都在晚上九点多钟家人休息以后，开始伏案翻译。80 多岁的老父亲，每晚起夜时，总要心疼地走过去嘱咐“早点休息”之类的话。黄培康虽然安慰老父亲“一会儿就睡”，但差不多每天都要工作到凌晨 2 点才搁笔休息，其间付出的大量的辛勤劳动和心血无法尽数。由于翻译工作量巨大，除了汪一飞，黄培康还找北京大学毕业的胞弟黄培功协助完成。

译著《微波遥感——雷达遥感和面目标的散射、辐射理论》总字数 57.1 万字，于 1987 年 9 月由科学出版社出版，首印 1500 册。

“精耕细作倾心血，化作春泥育万物”。近 30 年过去了，当时出版的译著纸已经变黄，但这本书如今依然是微波遥感领域、雷达成像领域技术人员案头高价值的参考书。黄培康有好几次遇到青年科研人员，告诉他们说：“微波遥感那本书已经绝版，但我们复印后，至今仍然是我们重要的参考书之一。”

他的学生葛志强（某研究所的总工程师，从事星载气象雷达研制）说：“《微波遥感》一书翻译得极为准确，反映了译者很高的专业水平。”他举了一个例子：“Stationary-phase approximation”译成“驻留相位近似法”极为准确，符合该词的丰富涵义。黄培康对这一术语的翻译得到了广泛的认同和延用。

这本译著通体译文流畅、术语准确，若非看封面，俨然一部地道的中文学术著作。文如其人，黄培康严谨治学的态度、极高的学术造诣和高超的语言驾驭能力跃然纸上，实为后辈之楷模！

关于 Ulaby 等 3 人的这部著作的翻译，黄培康提起一件轶事。译著出版后，黄培康分别在国外与三位作者见过面。由于当时中国还没有加入国际版权组织，因此翻译出版未向原著作权人支付版权费。黄培康向他们委婉解释，并致歉意。当得知译著受到中国该领域的学者、专家以及学生的热烈欢迎，指导了遥感研究，并产生了很大的影响后，三位教授均释然，转而感谢黄培康与汪一飞的杰出工作。黄培康回国后，相继给他们寄去了中文译本。

在从事雷达目标特性研究的 40 多年科研生涯中，黄培康辛勤耕耘、硕果累累，先后获得国家科技进步奖特等奖 1 项、二等奖 1 项，全国科学大会奖 2 项，省部级科技进步奖一、二等奖 8 项，中国光华基金和航天基金一等奖各 1 项，发表论文 60 余篇，出版专著 3 部、译著 1 部。

1994年，黄培康（前排右一）访问美国德克萨斯大学，与著名微波遥感专家A.K.FENG(冯健超)教授（前排右二）等人合影

黄培康获得的众多成果和荣誉

黄培康

黄培康院士传记

Academician Huang Peikang's Biography

第九章 传道授业　后继有人

30多年来，黄培康坚持“传道授业、教学相长”，先后培养了40多名硕士、博士研究生，他们中的多数人已成为目标特性和相关领域的研究骨干。

从20世纪80年代开始，黄培康不仅辛勤耕耘在科研和学术领域，而且高度重视对人才的培养。30多年来，他一直不间断地招收研究生，先后培养了40多名硕士和博士。他以“传道授业、教学相长”为指导思想，严谨细致，身体力行，因材施教，为学生提供宽松的学术环境。他提倡“授之以渔，培养独立创新思维能力”，鼓励学生大力创新。他和蔼可亲，不但关注学生的学术成长，在生活上也关怀备至，是学生们的良师益友。通过自培研究生教育，他为我国雷达目标特性事业造就了一批优秀的人才。目前他指导的学生绝大多数已成为国内雷达目标特性与相关领域研究的中坚力量，国内该领域的多位知名中青年专家都出自于他的门下。

1. 在石头缝中种树栽花

1970年5月，207所成立后，为研究目标识别集结了一批科研人员。这批人员中，年龄最小的大学毕业生是文革前1966年毕业的，“文革”后年龄已到40岁左右。另外，由于“文化大革命”，单位正常的科研工作受阻，科研人员没能得到应有的工作锻炼，学的知识慢慢老化。再者，由于“文化大革命”的闭塞环境，科技人员不了解国际发展动态和发展水平，差距一步一步拉大。

黄培康感受到了人才断层、知识老化的危机。恰逢国家出台了许多应对措施。207 所也制定了培养各相关专业研究生的措施，而我国“文革”后招收的大学生陆续毕业，为自培研究生的挑选提供了很大余地。黄培康抓住了这个机遇。

与人一样，一个单位也要新陈代谢。单位的新生力量来自多种渠道。通过毕业分配引进毕业生是一种渠道，本单位自己培养研究生也是一种渠道。与分配来的学生相比，自培研究生在上学期间就开始适应水土，相对于外面来的学生，可以更快地适应单位的科研环境和文化土壤，进入研究课题，不但成果出得快，而且十分有利于形成一支科研后备力量。自培研究生对于出成果、出人才，不失为一种多快好省的好办法。

20 世纪 80 年代，207 所的工作条件和生活条件很差，但黄培康硬是在石头缝中种树栽花。那时，207 所工作区域十分分散。所部在永定路二院驻地，一室在永定路地区，二室在中关村物理所，三室在鹫峰山上与云岗 304 天线场，四室在中关村力学所。所谓所部就是二院东工业区北围墙边的一幢 3 层小楼，从所长到打字员都在小楼内办公。小楼其实是 207 所驻永定路地区的办事处。

以资料室为例，人员在永定路的所部小楼上班，图书资料没有地方放，办公用房异常稀缺的 207 所只好把原版杂志放在了位于北安河鹫峰驻地的人迹稀至的贝家花园。

科研用房这样紧张，宿舍用房更可想而知了。许小剑和巢增明 1983 年大学毕业，是黄培康招收的首批硕士研究生。他们来到 207 所后，没有正规的宿舍，只好住在活动房子里，类似于现在在建筑工地看到的工棚。每周三，黄培康就在工棚中专为他们二人认真讲课。现在的工棚有的还装有空调，而当时许小剑和巢增明住的活动房子冬天冷、夏天热。

1983 年—1986 年，在非常困难的工作生活条件下，黄培康硬着头皮迎难而

1958年，黄培康（左三）（50岁时）与研究生在一起

上，招收了四届共8名研究生。

在黄培康的教诲下，这几位研究生个个用功读书，以两年半的寒窗苦读为日后的人生道路开了一个好头。目前，他们事业有成，其中大部分已成为当前雷达目标特性专业领域的学术和技术带头人。

2. 扶上马，送一程

黄培康在为学生确定论文研究题目或方向时，一是瞄准国际前沿动态，二是结合207所实际需求，三是考虑学生的特点和兴趣等因素，努力做到教学相长、成果实用、相得益彰。甚至学生毕业后，黄培康也会根据学生的情况，帮助其规划发展道路，使其能更好更快地成长。

以微波成像为例，目标微波成像是雷达目标特性系列中的后起之秀。利用一定的测量方法和数据处理方法，给雷达目标"照相"，得到雷达目标的一维、二维或三维的微波成像。

与传统的目标雷达散射截面相比较，微波成像具有划时代的优越性。对于隐身用户来说，有了微波成像图，就知道目标的强散射源在什么地方，隐身措施实施起来便一目了然。

对于仿真用户来说，根据微波成像，归类出大小有序的空间位置确定的散射中心系列。目标的雷达散射仿真就归结为用散射中心系列来建模的数据处理过程，简化了复杂目标的仿真问题。

对于反隐身用户来说，有了要打击目标的微波成像，就撕下了来犯者的伪装。

目标的微波成像用途广泛，潜在价值很强。美国 F-117A 隐身飞机和 B-2 隐身轰炸机问世后，微波成像更是在国内外成为研究热点。

早在 20 世纪 80 年代初，黄培康就已预见到微波成像的应用前景，他冷静地选择微波成像技术作为突破口，为许小剑选择了“旋转目标相干层析微波成像”这个前沿课题，立题之高、立意之深可见一斑。继许小剑之后，黄培康又陆续安排一系列研究生从事有关微波成像技术的研究。

许小剑由微波成像研究而崭露头角，不断成长，曾任海淀区人大代表，荣获“国家机关十佳青年”称号，1995 年获国务院政府特殊津贴，1998 年被评为中国航天工业总公司有突出贡献专家，曾任二院 207 所副所长和所长。现为北京航空航天大学电子信息工程学院信号与信息处理学科教授，博士生导师。

肖志河，1986 年从华中科技大学毕业后拜读在

黄培康（左三）与学生进行交流

黄培康门下，在黄培康的指导下，肖志河完成了微波成像的滤波逆投影方法研究，还利用微波暗室测量数据做了进一步验证。在研究生毕业之后，将当时编写的程序应用到微波暗室的测量系统中，形成了一套相对完善的算法。这个算法现在还在用，是一种经典的数据处理方法。

黄培康还根据每个学生不同的特点、兴趣等因素，因材施教，给学生选择合适的研究题目，发挥学生的优势和特长。在他们进入选题阶段时，黄培康会根据工作中遇到的一些技术问题，让他们去进行调研，每周听一次调研报告，最后根据各自的调研深度和兴趣点，确定最终的论文选题。

巢增明在黄培康的指导下，选择了雷达目标角闪烁抑制技术研究课题，通过实验测量验证，证明了理论计算结果正确，可供导引头更好地抑制近距离跟踪时存在的目标角闪烁影响，提高制导命中精度。巢增明研究生毕业后，主要从事雷达目标特性测试技术的研究工作，完善了雷达目标 RCS、角闪烁等特性的测量技术，已成为室内电磁散射特性测试技术的专业带头人。

博士研究生冯孝斌在论文最初选题时，黄培康建议他做目标识别方面的研究。他研究了一年左右，还没找到入门的感觉。经过漫长的摸索，冯孝斌发现自己对谱估计特别感兴趣，硬着头皮找到导师，提出想将研究方向调整为谱估计。黄培康认真听取了他的想法，非常尊重并且支持他个人的意见。

黄培康不会具体限制或要求学生去做什么，但会在大方向上给学生以指导，带着学生走，只要学生考虑的有道理，就尊重学生的意见；只要学生找到正确的方向，就给学生自由发挥的空间。

冯孝斌攻读博士学位期间，黄培康每次见面都会给他提一个问题。第一次去见黄培康讨论论文时，黄培康拿出雷达手册，翻到某一页，问他："这是一张调制谱的图，为什么是这种形状？你回去思考一下。"冯孝斌回去之后，花了好长时间把这个问题想明白，然后带着自己的结果去找黄培康。黄培康看完之后，又给他提出另外一个问题，就这样，每次带着问题答案去找黄培康，又会得到一个新的问题。

冯孝斌当时没觉得那些问题有多重要，只是照着去做。直到写论文时，才发现黄培康给他提的那些问题正好是论文各个章节的内容，把这几个问题串起来就可以形成一篇比较完整的论文。这一点，冯孝斌也是在完成论文后才意识到的，对老师更加充满敬意。最后完成了一篇非常优秀的博士学位论文。

在学生还没有能力进行顶层设计的情况下，黄培康一开始便在宏观上帮助学生规划好了学习目标和内容，有意识地引导着学生往前走，到最后，学

黄培康（中）指导学生研究相关课题

生就会感到豁然开朗，浑然天成。

对于青年人的培养，黄培康总是“扶上马，送一程”。

黄培康非常重视学生的感性知识和工程经验的积累，如许小剑、陈军文在研究生学习结束之后，没有立即参加科研工作，而是被黄培康安排到位于京西南的室外静态测试场参加实践测量任务，他们经过多个测试项目的锻炼，体验了室外测量的艰苦，学习了课本以外的实际测量经验，包括外场测量过程、标定技术和数据处理技术等，了解了室外静态测试的全过程，认识到室外静态测试场的优越性与局限性。他们回顾说，这近一年的实践为他们的后续发展甚至一生都打下了非常好的基础。

这种做法很有远见。几十年后，许小剑和陈军文先后担任 207 所所长，需要全面掌控 207 所科研情况时，测试场这段经历的重要性就凸现出来了。

几十年后，许小剑说：“没有想到老师会叫我们几个搞理论研究的同学去外场做测量。”一般搞理论的人长时间在试验场地做一些搬运目标、调试设备等重复性工作，可能会荒废专业，但老师相信他们不会，希望理论结合实践能让他们的发展更全面，对问题的认识更深刻、更科学。他们的确做到了。陈军文当所长后，还亲自操刀主持室外静态测量场的战略转移工作，过去在外场的试验经历派上了用场。黄培康的用心良苦，可见一斑。

3. 身体力行，好学钻研

言传不如身教，黄培康的好学精神深深地影响着他的学生，形成了一种榜样的力量。

黄培康是一个学习能力很强，而且坚持终生学习的人。刚工作时，就十分用功，总是在加班学习、加班工作。后来根据工作需要，黄培康还曾经自费到中国科技大学业余进修现代数学。扎实的数学基础，使他在工作中如虎添翼。

20 世纪 70 年代，黄培康任三室主任时，三室的驻地在北安河鹫峰山下，而黄培康家住永定路。当时没有班车，上下班只能乘公交车。从永定路乘

黄培康在工作中仍然不忘看书学习

车到白石桥，从白石桥转到颐和园。在颐和园乘346路车到北安河，再走1千米多的山路到达鹫峰工作地，整个行程纵贯半个北京城。在北安河上班的207所职工都深受其累。曾经有一位职工带小孩回上海探亲，回京后火车晚点，下午6点才到北京，肯定赶不上最后一班346路车了。明明到了北京，却回不了家，晚上小孩睡母子候车室的小孩床，大人睡在长椅上，第二天，疲惫不堪地回到了北安河的家。

在北安河上班的这段时间里，黄培康早出晚归，经常挤公共汽车，夏天一身汗，冬天两头黑。尽管如此，在乘车途中，黄培康还抓紧时间背单词、思考问题。若干年之后，黄培康偶尔对学生说起这段经历，教育学生要抓紧时间学习，能利用一点时间就利用一点，记几个单词也好。

多年来，黄培康养成了在家学习的习惯。只要黄培康在家，每天晚上他和儿子黄忱都在相对的两张桌子上各自学习，特别是翻译《微波遥感——雷达遥感和面目标的散射、辐射理论》的时候，几乎每天都要到凌晨两三点才休息。即使是现在，他也依然保持着阅读文献的习惯。

黄培康常对学生说，作为一个科研工作者，要养成学习新知识的习惯，做到每年读几本新书，写几本文献阅读笔记，发表几篇好论文，成果就会慢慢积累下来。只有坚持不懈，才能健康成长，成为合格的科技工作者。黄培康不仅要求学生这样做，他自己也在亲自实践。平日里总是见黄培康在博览国内外的最新文献资料，结合工程实际，提炼出前沿的研究课题指导在读或已工作的学生开展研究工作，并及时跟踪研究动态，形成最终的研究成果。老师的言传身教对学生们形成一种无形的鞭策，引导他们沿着导师指引的方向不断进步，取得一个又一个丰硕的科研成果。

黄培康的好学精神是一种无形的力量，教育着学生、感染着学生、鞭策着学生。

4. 关注前沿，把握方向

黄培康关注的领域非常广，对本领域的前沿动态非常敏感，把握得也非常准确。

数十年前，他订阅了 IEEE-AES 和 AP 国际原版刊物，自己看完了就即刻传送给年轻人阅读，一直坚持至今。这使得他能够高屋建瓴地把握学科发展方向，并结合工程实际，为学生选好前沿研究课题。在单位同事眼里，黄培康是最坐得下来的一个人。学生黄晓敏认为，老师不怒自威，在学生面前，老师不说话，就会让人感觉到一种无形的鞭策。

让学生做课题之前，黄培康已经从宏观层面上考虑得比较清楚了。他的言传身教，对学生们产生了深远的影响。学生们常在私下里开玩笑，说自己跟不上黄培康的思想。这方面有三件事值得一提。

一是目标极化特性的问题。黄培康早在 20 世纪 80 年代中期就开始关注这个问题，虽然当时由于极化复矩阵的相位很难测准使得应用受限，但他觉得这是个发展方向，于是陆续安排学生开始做这方面的研究。

在 1993 年出版的《雷达目标特征信号》一书中，他专门让殷红成对国内外的研究情况做了总结，写了目标极化特性和相位特性一章。后来又安排肖志河、任红梅等学生做极化复矩阵校准测量、极化特征提取等方面的研究。

直到现在，黄培康还在研究极化校准的问题，2011 年在荷兰 Delft 大学，他还做了题为《雷达系统极化校准技术》的学术报告。主要是解决外场雷达的极化复矩阵校准问题。

事实证明，黄培康的预见是非常正确的，目标极化特性在地球遥感、目标识别等方面都是很有用的信息。国防科技大学 ATR 实验室在极化理论方面也做了大量的工作，黄培康作为该实验室的学术委员会委员，发挥了重要的指导和推动作用。

二是目标微动识别的问题。自国家某重点工程开展以来，黄培康始终关注弹道导弹的目标识别。他在国内最早提出微运动识别的思想，经过这些年不遗余力的推动，已取得一些重要成果。

对于中段识别，应该说微运动识别方法是一条非常重要的技术途经。由于黄培康的推动，国内多家单位在这方面进行了卓有成效的工作。

三是目标角闪烁的研究。因为角闪烁是影响雷达末制导角跟踪精度的主要误差源，所以，制导雷达设计师非常关注角闪烁的抑制技术。

黄培康对这个问题思考很深入，在国内最早将角闪烁作为雷达目标特性来研究。他分别安排了巢增明、殷红成、陈国瑛三位学生做这方面的研究，涉及角闪烁的基本概念、计算方法、测量技术、抑制技术和增强技术等，有关成果得到了国内外学术界的认可。

黄培康和殷红成在国际上首先严格证明了雷达目标角闪烁两种物理概念的等价条件，并推导出通用计算公式，为角闪烁的正确仿真奠定了理论基础，在 IEEE-AES 国际权威刊物上发表论文，科学意义显著。

该成果已用于各类型号的目标角闪烁特性计算和抑制技术中，支撑角闪烁抑制和导引头跟踪设计。

黄培康参加学术研讨会

5. 既要严谨，也要创新

黄培康治学非常严谨，求实创新。他对学生的要求十分严格，指导认真细致，这也是黄培康培养研究生的一个重要特点。

黄培康对研究生要求比较严。有几门基础课是必须选学的，一门是随机过程，一门是模式识别。他总会在学生面前特别强调数学基础的重要性。

黄培康要求博士生毕业前，要在EI收录的核心期刊上发表三篇以上的论文，这是对文章数量的基本要求，对论文质量的要求也很高，尤其要求论文有很好的创新点。

黄培康对学生的论文指导不仅高屋建瓴，而且非常细致，经常是逐句修改，甚至到标点，使学生受益匪浅。学生做论文的时候，黄培康经常会创造各种条件，将学生召集到一起，请一些老师来交流指导。

黄培康对学生论文中提出的创新点非常慎重、非常严谨，不轻易肯定或者否定，他自己研究审查之后，还会找相关领域的专家和老师帮忙把关，看看这个创新是真正的创新，还是一个假象或者伪命题，体现了黄培康一贯严谨治学的态度。

冯孝斌在发表一篇论文时，将自己研究得到的一种创新方法作为论文的创新点，觉得效果非常明显，自己感到非常自信，本以为给导师一看，肯定会很快得到认可，并同意发表。结果黄培康并没有马上表态，而是仔细地研究和分析，慎重推敲，并对论文进行了多轮修改，最后才同意发表。

对于创新性不强的研究，黄培康会严肃地指出问题所在，让学生再继续加强研究，直到有了真实可靠的实验结果，才同意发表学术论文。他特别强调要实事求是，实验验证不能弄虚作假。

此外，每年年终总结的时候，黄培康总是召集所有的学生参加年终总结学术会议，给大家提供一个相互交流的机会。这种形式轻松而又富有成效的学术讨论，备受学生们的欢迎。

巢增明在研究生毕业论文撰写阶段，黄培康要求他分四步走：首先亲自推导从文献中摘录的公式，确认无误之后再用；然后对两球和三球的简单模型进行角闪烁线偏差的理论计算和试验测量；验证计算方法正确后，再将方法推广到复杂飞机模型的计算中；最后，研究用于角闪烁抑制的信号处理技术。按照黄培康的要求，巢增明一步一步走下来，圆满完成了论文的撰写，其论文被二院评为优秀论文。

黄培康带领研究生开展隐身技术研究，对 F-117A、B-2、F-22 等隐身飞机进行了理论建模和缩比测量，拓宽了学生的学术视野，也锻炼了学生的科研能力。

被测飞机模型化后，黄培康在微波/毫米波无反射实验室作测量研究

研究生学习结束后，黄培康仍然不忘关心他们的后续工作和学习。他总是想方设法地为学生创造各种申请课题和参加学术会议的机会。

在申请课题方面，他经常亲自指导学生把握航天技术的发展和国家的重大需求，并创造机会让他们和应用部门多联系、多沟通。

黄培康经常不顾繁重的工作，甚至有时候中午不休息，亲自听学生的学术报告，为下一步研究提出指导性建议。

黄培康在指导学生的过程中，特别注重提高学生的研究能力和水平。黄培康这种求实创新、治学严谨的科学态度，对学生的科研工作和日后发展产生了很大的影响，他们当中的很多人，都继承了黄培康的研究和工作风格。

6. 既是恩师，又像慈父

对学生而言，黄培康既是恩师，又像慈父。从学生们的工作学习，到他们的生活家事，黄培康无一不给予关心。他对学生的关心可以说从大事着手，小事也不放过。不仅对学生们的学习进行严格要求，还经常与学生谈就业想法、人生理想，了解学生的生活、家庭情况，尽可能地帮助学生克服成长过程中遇到的各种问题。学生们都认为黄培康具有独特的人格力量。

许小剑和巢增明于1983年考上了黄培康的研究生。来到207所后，住在活动房子里，学习在活动房子里。到了隆冬，冷得实在不行，许小剑、巢增明二人对黄培康说："晚上太冷了，看不下去书。"黄培康说："就到我办公室来吧！"不假思索，脱口而出，好像他们三人同时在思考这个问题。就这样，在黄培康10余平方米的办公室里，经常会出现师徒三人秉灯夜读的场景。

前几届研究生学习期间的生活状态、住宿条件相对艰苦，黄培康对他们非常关照，经常让学生们去他家吃饭。黄培康的很多学生家在外地，每逢重要的节日，他都会邀请不能回家的学生去家里过节，黄培康爱人总会亲自下厨做出一桌好吃的饭菜给学生解馋。黄培康的亲切关怀，让学生们感受到了恩师如父

1995年，黄培康（右四）（60岁时）和夫人（右三）与学生们在一起

的情怀。

有一年，为了让学生在紧张繁重的科研工作后放松，黄培康还在假期里带领学生们去农业生态园采摘各种瓜果，为学生枯燥的科研生活平添了很多乐趣。

黄培康对学生的关心无微不至。对没有成家的学生，黄培康会关心他们的恋爱、婚姻大事；对已婚的学生，关心他们的实际生活状况。

学生任红梅和袁晓峰结婚后，住在田村双槐树，条件非常艰苦，黄培康知道后，亲自去他们的住处看望他们，关心他们。

黄培康对学生的关爱还延伸到学生的家人。1987 年的某一天，黄培康在单位外面偶然碰到一个问路的人，非常巧合，问路人是黄培康学生肖志河从外地来北京的亲戚。黄培康把这位亲戚先带到自己的家里，热情招待，同时给单位打电话，通知肖志河。那个时侯，没有手机，等肖志河知道消息，赶到黄培康家里与亲戚见面时，已华灯初上。

殷红成 1989 年研究生毕业之后，想继续深造，黄培康推荐他考东南大学的博士生。临走的那一天，黄培康特地派了一辆车，送殷红成到车站，到了车站，下汽车，上火车，直到火车开动。黄培康目送着离站的火车，突然一阵风吹来，吹落了黄培康的帽子。列车上的殷红成望着老师的白发，眼睛模糊了。这一天，1991 年 2 月 13 日，也成为殷红成一生难忘的一天。

殷红成现在航天二院 207 所工作，如鱼得水，事业有成，但他到 207 所之路却几经周折，并非一帆风顺。原来，殷红成 1993 年博士毕业后，黄培康支持他到电子科技大学从事博士后研究工作。黄培康本想让殷红成两年后出站回到 207 所工作，由于种种原因，殷红成分到了部队某研究所，黄培康曾为此事一夜未眠。

2000 年左右，207 所的电磁散射重点实验室正式运行，急需雷达目标特性专业方面的高层次人才。黄培康想到了殷红成，先是聘请他为实验室的客座教授，希望能最终将他引进到重点实验室工作。殷红成当时在部队一直从事老雷达改造工作，原来的专业特长未完全发挥出来，也有到重点实验室工作的想法。但受部队政策的限制，像殷红成这样的高层次人才想转业到地方工作几乎不太可能。

为此，已是航天知名专家、年过 60 岁的黄培康心里很是着急，亲自协调殷红成的工作调动，到殷红成部队单位与其领导谈，黄培康的一些学生、同事、领导和专家也不遗余力，鼎力相助。

好事多磨，终于水到渠成。每每说起这段经历，殷红成都特别感动，对黄培康的感激之情溢于言表。殷红成说："没有黄老师，就没有我的今天，黄老师对我就像父亲一样。"

黄培康的博士生张新征调离北京去重庆大学工作。离京时，黄培康专门叮嘱他，若有什么需要，就直接来找他，并赠送他一本自己的最新专著，签名留念。直到今天，张新征仍然很感激黄培康的谆谆教导，认为没有黄培康的悉心指导和帮助，他的学术生涯无法走这么长远。

黄培康对学生的要求虽然严格，但却是铁骨柔肠。

2005 年春节前几天，黄培康的博士生冯孝斌完成了博士学位论文的初稿，

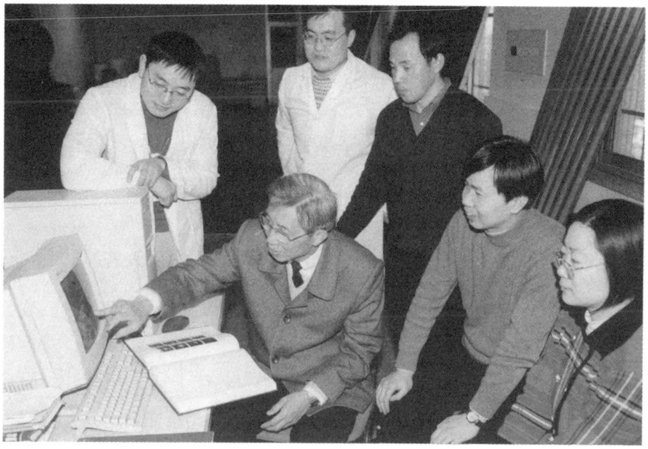

黄培康（左二）在实验室指导学生们

想着要赶快给黄培康送去，争取一个月内完成论文的答辩。冯孝斌在单位的大门口正好碰到黄培康，就兴冲冲地跟黄培康说："黄老师，我把论文的初稿写出来了，您看您什么时候有时间，我送过去给您看看。"黄培康说："行，那你拿来给我吧。"冯孝斌接着说："您看对我的论文，有什么修改意见，我赶紧改，争取3月份完成答辩。"黄培康一听，说："现在都2月份了，初稿才出来，我还没看过，也不知道还要做多少修改，3月份答辩基本不具备可行性。"

黄培康嘴上说一个月的时间不够，内心却很体谅学生的难处。黄培康牺牲与家人节日相处的宝贵时间，利用一个星期的时间，完成了厚厚的博士论文初稿的审阅。

正月初三，黄培康打电话让冯孝斌来家里，并告知，初稿已修改完成，总体情况还行，并提出了一些修改建议。冯孝斌非常感动。来到黄培康家里，黄培康一点一点告诉他哪些地方需要修改。让冯孝斌感触更深的是，黄培康对文章修改得非常仔细认真，讲解得非常细致。

这为冯孝斌的博士论文答辩争取了大量的时间，很快就完成了论文答辩。黄培康想学生之所想，急学生之所急，硬是把一件看起来不太可能的事变成了现实。

1999年年底，学生周平准备硕士论文答辩时，当时外面公司普遍待遇要高于央企，受这个大环境影响，航天人才流失十分严重。何去何从，周平深受困扰。

有一天，周平正坐在电脑前修改论文，黄培康走了进来，先是关心地问他的工作、学习情况，然后特意用一些时间浏览了一下他的论文。看完后赞许地说："写得不错！"简短的四个字，让周平深受鼓舞。后来，黄培康亲自帮周平审稿，非常仔细地一段一段地看，尤其对数学公式毫不放过。不止于此，黄培康还请陈敬熊院士帮着把关，并多次肯定："陈敬熊院士表扬你的公式推导不错！"

多年以后，周平饱含深情地回忆："在那段时间里黄老师对我论文的关心、鼓励，就像在我心中点亮一盏希望的灯，让我在迷茫的时候看清了方向，让我多了更多的平静、执着。"

黄培康在传授学生知识的同时，也极其注重德育工作，言传身教，谆谆教导。学生赵素刚去哈工大读研究生基础课时，由于刚到一个没有朋友的新环境，加上身体不舒服，曾想中断学习回北京读书。黄培康知道后，专门写信给她，嘱咐她要以学业为重，不能太随性，生活上的困难是可以克服和解决的。这封信没有大道理的说教，而是父母般的叮嘱，这让赵素非常感动，也就此打消了放弃学籍的念头。

黄培康对待学生就像对待自己的儿女，让他们这些远离父母、身心还不那么成熟的学生，不仅在知识方面飞速增长，同时在世界观、人生观、价值观的形成等方面也受益匪浅。

如今，赵素、黄晓敏等虽然在国外，但每次回国，都会主动探望恩师黄培康。

黄培康身上诸多闪光的品质，影响了一届又一届的学生。

7. 桃李不言，下自成蹊

一路望去，黄培康的硕士生和博士生培养工作，成绩斐然。

培养一位研究生等于做了一个带有学术性质的人文课题。而在几十年里，培养了那么多硕士生和博士生，就像是办了一所培养雷达目标特性和识别研究领域人才的学校。这所学校的顶层设计者是黄培康，老师是黄培康……这所学校之所以办得好，原因是多方面的，其中涉及生源选择、课题确定、思想教育等大量工作，花费了黄培康巨大的心血。

已到古稀之年的黄培康，不仅带好自己的学生，还始终心怀二院和 207 所的人才培养工作。黄培康组织并参加了好几次专门针对人才培养问题的专题研讨。在人才培养上，黄培康不分单位，不问地域，航天诸多研究院所、高校、军队等单位都有他的优秀学生。

一个人做一件好事并不难，难的是一辈子做好事。同样，培养一、两位研究生容易，在几十年里，培养几十位硕士生、博士生，就难了。个中劳神、个中艰辛，可想而知。

让黄培康欣慰的是，他的学生目前大部分都奋斗在雷达、雷达目标特性和识别研究领域，他所挚爱并为之奋斗的事业后继有人。

学生们祝贺黄培康（前排左四）70岁生日

黄培康

黄培康院士传记

Academician Huang Peikang's Biography

第十章

醉心教育　春风化雨

黄培康发自内心地把教育和培养人才看作自己事业的重要部分，当成自己一生的追求，为航天研究生的教育倾入了大量心血和智慧，期待着春风化雨，桃李芬芳。

像很多老科学家一样，黄培康有一种教育情结。他发自内心地把教育和人才培养当成自己的事业，当成自己一生的追求。在有多年成功的研究生培养经验的基础上，为了打赢国家改革开放以及经济大发展所带来的人才争夺战，黄培康临危受命，与其他同志一起，倾力筹建航天二院研究生院。2001年二院研究生院成立后，黄培康任常务副院长，2010年后任名誉院长。而这对黄培康，一个航天系统的老科学家来说，也不是止境，他放眼的是目标特性研究领域的人才培养，是航天系统各类人才的培养。他期待的是春风化雨，桃李芬芳。

1. 倾力筹建研究生院

2000年前后，随着国家改革开放带来的经济大发展，大量的外企以及私企求贤若渴，对人才展开争夺战，使得像二院这样的国企面临着前所未有的压力，一是人才流失严重，二是难觅优秀生源。

二院的领导发现问题后，针对人才外流采取了相应的措施，提出了感情留人、效益留人及事业留人等政策，并在单位周边买了一批住房，奖励优秀青年及业务骨干，稳定他们的情绪，也留住了许多优秀的青年人。

但面对第二个困局，当时的院领导忧心忡忡，想要的学生招不来，有时报名的人数还不到招生指标的一半。部分厂所在清华、北大等名牌大学招研究生，竟无人问津，以往门庭若市的盛况没有了。

自培硕士、博士研究生是航天高层次人才培养的重要途径和方法。因自培研究生与导师在一起，能较早地了解科研工作、管理模式、人文环境，对企业文化也能较早地认同，所以总的来说，自培研究生进入工作角色较快，成长也较快。二院人事部在某一个时期曾做过统计、分析，结果表明：自培研究生的"流失率"相对比较低；厂所领导中有研究生学历的人员中，二院自培研究生为80%左右；主任设计师以上有研究生学历的人员中，二院自培研究生为60%左右。可见其对事业发展的重要性。

在二院研究生院创建之前，尽管当时也有二院的培训处，负责研究生的教学管理，但只是机关管理性质的，二院各厂所各自为战，教学非常分散，管理也分散，全院研究生教学质量参差不齐。有些厂所如207所、二部、23所、25所等都各自培养研究生，没有统一的管理。基础课安排在各个大学，有西安交通大学、西安电子科技大学、电子科技大学、北京航空航天大学、北京理工大学等。

针对这些情况，时任中国航天科工集团公司副总经理兼二院院长的殷兴良向院党委提出了成立二院研究生院，实行"统一规划、统一计划、统一招生、统一授课、统一管理、统一授学位"的政策，以应对生源不足的困局的建议。这一建议在院党委会上一致通过。会议决定成立研究生院办公室并归属在院人事部，成立由时任院科技委副主任的黄培康、院人事部部长朱忠元、主管研究生工作的韩伟副处长等人组成的筹备组。随后，又通过招聘方式组建了研究生院办公室。在筹备工作进行到一定阶段后，院聘任殷兴良兼研究生院院长、黄培康为常务副院长、朱忠元兼副院长、韩伟任副秘书长、尚珊萍任办公室主任。对这一领导和工作班子的组成，院党委、院领导是经过深思熟虑的，殷兴良是硕士生、博士生导师，院学位委员会主任，黄培康热心硕士生、博士生教育近20年，且为院学位委员会常务副主任，朱忠元曾兼任过总体部教育委员会主任，且是博士点、博士后流动站的申办者，韩伟负责二院研究生教育管理工作多年，尚珊萍主管过院内硕士点、博士点最多单位的教育工作，他们均有一定工作经验，其中黄培康尤为如此。

这样，通过统筹，二院的人才培养就变分散领导为集中领导，教育资源发挥了最大效益，使全院各单位都能够共享这些教育资源。

在研究生院的筹备阶段，除人员配套工作外，筹备团队完成了包括教室、办公室、宿舍、机房等的落实，及屋内设施配备等硬件建设；完成了研究生院的办学方针、校训、各专业教学大纲的拟制、招生简章、管理制度等一系列的软件建设工作。在“863”计划项目研究时期，黄培康曾是殷兴良、朱忠元的直接领导，所以三位院领导间虽没具体分工，但工作起来非常默契，不管是在筹备阶段，还是后来的正常运行中，这一默契发挥了重大作用。在他们领导下，硬件建设工作以尚珊萍主任为主，软件建设以韩伟副秘书长为主。

黄培康从1983年起开始招收研究生，具有丰富的研究生教学经验和管理经验，在研究生院的软件建设方面投入了很大精力。此外，他还亲自主持了从招生试题到招生录取，从教学大纲审查到教材选定，从遴选授课老师到考查式“听课”等各个关键环节的工作。这一军工系统第一个研究生院的高效筹备和正常运行，融合了黄培康及团队的经验和智慧。

当时的研究生院除本院有丰富实践经验与扎实理论根底的同志当教员外，还从北京航空航天大学、北京理工大学、中国科技大学等高校以及中国科学院、二院有关研究所请来了最专业的老师，很多老师都是黄培康亲自出面聘请的。由于授课老师水平高，还吸引了不少在职的主任设计师们来旁听，由于有的课旁听的人过多，只好通过发听课证来控制人数。

黄培康为研究生讲课

研究生院还配备了辅导员，专门负责管理学生的学习和生活。学生间相互沟通、相互交流也变得更加便捷了。

就这样，二院研究生院渐渐步入正轨，健康发展。

2. 严招生，重管理

治学严谨的黄培康对招生的要求异常严格。当时研究生院第一届考生录取分数线高于国家录取分数线 38 分。黄培康严把生源关，差一分都不行，进研究生院的学生没有一个是破格录取的。

如此严格的招生，使得研究生院生源质量逐年提高，最高时，录取分数线高出国家录取分数线 70 余分，生源质量与国内一流大学的生源质量相当。

黄培康屡次强调研究生院是二院的未来，是培养高精尖航天技术人才的地方，是教学育人的地方，应该保持研究生院的学术纯洁与公正。曾有人提出招收上级机关的人读在职博士或做博士后的建议，被黄培康断然否决了。

黄培康对研究生院教学管理也严格要求，看不惯的、看见不合适的都会及时说出来。

每年研究生院的教学计划黄培康都要亲自审查，非常细致，细到每个科目安排哪些老师进行教学。研究生院的博士生“雷达系统原理”专业课考题由黄培康亲自出题，亲自推导公式，最后亲自阅卷打分，持续至今。每年黄培康都会亲自给二年级学生上一堂“论文开题”的课，指导学生们更好地完成学位论文开题，并撰写好自己的毕业论文。

每年二院研究生院学位分委会开会时，黄培康对所有学生的论文都会很认真地审查把关。为此，研究生院的导师都会对自己的学生论文严格地审查和修改，因为他们知道，如果不认真修改，论文中出现了问题，到黄培康那里肯定通不过。

虽然严格，但黄培康并不武断，能听得进好的意见和建议。譬如研究生院的日常行政管理，他对行政管理人员非常放心，让他们放心大胆去干，对他们的有益建议及时吸纳，与他们默契配合，所有想法一起研究，所有要办的事情一起商量，所有的问题一起解决。

黄培康从事研究生教学工作是源于一种天然的热爱。相比院内型号任务，研究生教学工作是默默无闻的，他也并不为此多拿工资。黄培康像很多老科学家一样，有一种教育情结。他是把教育和人才培养当成是自己的事业，当成自己一生的追求。

从黄培康的身上，人们会看到一种精神，一种高尚的情操！每每研究生院的学生和老师与他交流之后，崇敬之心都会油然而生。

黄培康（中）主持讨论研究生院工作

3. 力主“创新”

在研究生院筹备阶段，黄培康与朱忠元等反复讨论了教学方针与校训。

大家讨论后，黄培康根据大家意见，确定了“厚基础、重创新”六字教学方针。

黄培康认为，“厚基础”就是使研究生全面深入地获得和掌握本学科的基础理论，使研究生受到良好的基本技能方面的训练，为今后更加深入地学习新知识和新技术打好基础。只有基础理论扎实，以后的发展才有潜力，才有后劲。为了“厚基础”，有的课程他要求用外文原版教材，老师授课时也尽量用外语。二院的研究生们在全国数学、外语有关比赛中屡屡获得好成绩，与他的要求有直接关系。

关于“重创新”，黄培康认为，“创新”一直以来就是航天事业不断发展的动力。航天事业以来，从无到有，逐步强大，每一步都凝聚着航天人的创新。创新是对航天学子能力的最本质要求。

他提出，当今世界，新的科学分支在不断建立，边缘学科屡屡出现。这就要求我们培养的研究生必须要跟上时代的发展变化，不断提升创新能力，加强预先研究和应用研究，并将成果应用到实际科研工作中。

他要求研究生院要注重培养研究生的创新能力，加强重创新的学风建设，一定要让学生看国外最新资料，使研究生能够不断地更新知识，调整知识结构，更好地适应科技发展。

黄培康和朱忠元共同提出了研究生院的校训："奉献、博学、严谨、创新"。其中，奉献是航天精神的精髓，博学是对学生们学习的要求，严谨是在科研中的科学态度，创新是课题研究的追求。这一校训不但得到了二院领导和多位院士的赞同，也得到了时任全国政协副主席的宋健院士肯定，他专门为此题了辞。

黄培康认识到，研究生院作为主要的人才培养基地，如何有效地提升其创新意识和创新能力，是当前研究生教育面临的重要问题，因为这个问题解决得好与坏，决定了未来的科研核心竞争力的强与弱。

黄培康曾经说过："硕士要创新，博士更要创新。如果博士不创新，干脆不要读博士了。"黄培康认为，培养和造就具有创新能力的人才，是培养研究生的一项根本性任务。他在主持硕士生、博士生课题开题审查时，是否创新始终是把控的第一原则。

4. 心系学生

2003年年初，"非典"肆虐，接收"非典"病人的医院人满为患。药店的板蓝根和口罩卖光，大部分商店关门，学生放假，北京处在一片恐慌之中。在这段时间的前期，宋遵玲老师及时将有些大学的情况向研究生院领导做了汇报。黄培康、朱忠元听后深感事态的严重性，经两人研究后向殷院长提出了立即停课、集中管理和"三不"（不许请假、不许外出、不许外人来访）规定的建议。这一决定比二院"停工待命"早一周。这七天，对研究生院"零疑似、零感染"不一定有直接作用，但间接作用非常大。

二院研究生院的近70名学生滞留在研究生院，研究生院学生大部分家在外地，对父母的挂念又增添了一份愁情。

在这关键时刻，二院“停工待命”了，但研究生院的老师们都始终坚持岗位，他们和学生干部实行值班制度。宋遵玲老师与学生们吃住在一起，在有限的活动范围内安排各种活动，尽可能消除学生们的恐慌心理。朱忠元副院长每天来一次研究生院，看望学生和老师。黄培康副院长尽管工作繁忙，年事高，但他也想与大家在一起，经劝阻，他每三天来研究生院一次，和学生聊天，在心理上安慰同学们。殷兴良院长也时时关心着研究生院的有关情况。那时，研究生院上下一股劲，自我管理、自我服务，全力抗击“非典”，是二院防范“非典”先进单位之一。

2008年，北京奥运会筹备期间，二院承担了一项安保工程。考虑到任务重、时间紧、难度大，需要研究生院支持。研究生院先后有100多名学生投入到奥运安保工作中。

2008年7月，骄阳似火，是一年中最热的季节。学生们顶着高温，苦战在奥运安保工作第一线。黄培康惦记学生们的工作和生活情况，冒着酷暑去看望学生们，送去了研究生院师生们的关心，传递了对“奥运”的祝福。

黄培康是研究生院的常务副院长，是行政领导，但又是博士生导师，是教师。但在黄培康的教师手册上只有两个字：“学生”。

研究生院开学了，新生来报到、注册、准备上课。这时侯，黄培康必来与新生见面，谈谈研究生学习与大学阶段学习的不同点，以及需要注意的地方。作为老一代航天人，在谈及航天事业重要性的同时，他也希望年轻学子，好好学习，为我国航天事业作出贡献。

学生们毕业了，研究生院举行毕业典礼，黄培康必来祝贺。在春华秋实之际，黄培康一方面分享毕业生们的喜悦，祝贺他们圆满完成学习任务，另一方

黄培康（右四）、殷兴良（右三）、朱忠元（右二）等研究生院领导与学生们共度中秋佳节

面也告诫学生们，以后的路还很长，希望他们在学业上持之以恒、在事业上锲而不舍。

中秋节到了，人逢佳节备思亲。家住外地的学生们，聚在一起，望着明月，海阔天空地聊东说西，家乡、父母是主题。这时，不愿参与“应酬”的黄培康必来与同学们聚一聚、聊一聊，带来了父亲般的温暖。

黄培康是一个爱学生如子女的老师，个别学生出现问题时，他会亲自与之谈心，尽最大努力帮助学生、挽救学生。

从研究生院成立起到现在，黄培康一直关注研究生院的建设，他向二院领导争取房子，以改善学生的生活环境；向二院领导争取每月的生活补贴，以改善老师与学生的福利。

像很多老科学家一样，黄培康有一种教育情结。十年树木，百年树人。黄培康深知业以人兴，不断加强人才培养是航天事业兴旺发达的重要基础。他发自内心地把教育和人才培养当成自己的事业，当成自己一生的追求。他期待的是春风化雨，唯愿桃李芬芳。

5. 寄语年轻一代

进入 2014 年，黄培康的工作安排有了较大变化。他已经决定在自己 80 岁的时候退休，回到家里，陪着几十年来伴随自己走过艰辛之路的老伴度过宝贵的余生，有更多的时间与儿女、孙子、孙女们在一起，享受天伦之乐。

到 2015 年，他在航天领域工作了近 60 年。想到退休，黄培康是平静的。作为一个科学家，他坦然地接受自然规律给人生制定的法则。科学事业也好，航天事业也好，不仅是社会性的，需要人们共同完成，而且是历史性的，需要一代人接着一代人持续向前推进。

2007 年 3 月，他曾用一首诗抒发了自己这种开阔的情怀：

盘古开辟天与地，电波游走银河系。
遥距万里呼近邻，通信穿梭于星际。
我献毕生探穹苍，留与后人作居里。

想到退休，黄培康感到庆幸和欣慰。从 1957 年走出大学校门，他就加入中国航天科技大军。近 60 年的科研生涯中，他作为航天战线的一员，亲历了我们国家航天事业从诞生、成长壮大到进入世界前列的光辉历程，并且在每一个历史阶段，他都努力工作，奋力拼搏，没有虚度人生，他为这个伟大的事业作出了自己应有的贡献。

想到退休，黄培康割舍不下的是他为之奋斗了 40 多年的目标特性研究。他的学生们都知道，黄培康对于目标特性研究的感情，就如同父亲对自己的孩子一样，对它的牵挂似乎是出于本能。

要离开这个工作岗位，他觉得有许多话要向 207 所的年轻人说。

2014 年 4 月 30 日，207 所举办了一次“大讲堂”活动，这是该所不定期举办的一项所情所史教育和以学术讲座为主要内容的宣传教育活动，主要面向所的青年职工。之前，黄培康已经三次应邀在 207 所的“大讲堂”活动上发表

黄培康为207所青年职工讲课

演讲、与青年职工对话。

这一次，他对要在活动上发表的演讲尤为重视，事先进行了充分准备。

黄培康把他的这次演讲分为三个部分：“岁月回顾”“任务方向”和“寄语年轻一代”。他站在一个在航天领域工作近60年的科学家的高度，从导弹技术讲到防御技术，从多目标环境中识别真弹头世界性难题讲到再入物理现象研究。

他回顾了207所成立40多年来走过的不平凡的发展历程。

到20世纪90年代，207所建成了光、电两个目标特性研究的国防科技重点实验室，面向全国全军开放，为飞机、舰船、坦克等各类目标，上百种型号进行内外场测试、验证和评估，为武器型号研制提供了技术支撑。

通过“岁月回顾”，黄培康告诉年轻一代：目标特性是一项应用性很强的基础性研究，它对我们国家很重要，是高科技武器系统研制和相关国防科技发展的一个重要技术支撑，我们的研究成果在一定意义上可以起到影响甚至指引武器型号设计、研制的作用。

黄培康分析了目标特性研究领域面临的新的挑战。他告诉年轻一代：世界科学技术发展很快，目标特性研究领域的新热点、新亮点不断出现；我国的改革开放和经济技术发展的形势喜人，同时形势逼人，军内外许多单位都在不断加大目标特性研究测量手段建设，207 所在这方面已有的优势正在渐渐消失。他一再提醒年轻人，要对形势有清醒的认识，要有危机感，要进一步增强忧患意识、竞争意识，保持光、电测量手段和技术的领先优势和为型号服务的创新研究能力，是立所之本。

黄培康谆谆告诉年轻一代：目标及其环境的光、电特性既是信息领域一个新兴专业，更是国防科技一项重要的基础性研究，这项研究具有基础性与探索性，需要人们在理论研究与测量实验两个方面进行不懈努力。从事这项研究工作，要热爱这项事业，勤于思考，不断探索，及时追踪国内、国际最先进的专业技术水平。要追求应用，把基础性研究成果转化为应用性成果。目标特性研究是共用性研究，其研究成果在识别、隐身、伪装、突防等方面有广泛应用，必须牢记，我们研究工作的最终目的是提高国家的武器装备水平与实战能力。

最后，他根据近 60 年航天科研生涯的体会，告诫年轻一代："成功需要有坚定并执着的信念，需要有探索真理的追求，需要有团结合作的态度，需要有毕生奉献的勇气。"

这也正是黄培康，一个献身航天事业近 60 年的老科学家，他自己令人可敬可佩的人生的真实写照。

黄培康与毕业博士生合影（左起：陈国瑛、黄培康、葛志强、屈晓光）

黄培康

黄培康院士传记

Academician Huang Peikang's Biography

第十一章

航天精神　学者风采

黄培康身上体现出的航天老一代科学家追求真理的坚定信念，严谨务实的治学态度，以及高尚做事、低调做人的优秀品质，是年轻科技工作者的宝贵精神财富。

黄培康作为我国雷达目标特性研究领域的领军人物和国家“863”计划某直属主题的首席科学家，在半个多世纪的科研生涯中，不仅为我国的航天事业和国防科技现代化做出了杰出的贡献，以自己的学术水平和对国家的重大贡献迎得同行的敬佩，而且，在几十年科研征途上所体现出来的航天精神和学者风范，也深得同行的尊敬。人们、特别是年轻一代的科技工作者，从中获得了许多深刻的精神营养和启迪。从他的身上，人们可以看到航天“三大精神”绽放的光彩；从他的身上，人们可以学到许多当代中国优秀科技工作者的可贵品质。

1. 热爱航天，献身航天

黄培康在我国航天事业起步的阶段，就满怀激情地加入了航天科研大军。在经过十五年锻炼成长，已成为一名优秀的系统总体技术人才的时候，他却毅然申请调离防御武器总体单位，到一个刚刚建立、处境艰难的研究所，开始了他的雷达目标特性研究生涯。

那时，在他的面前，困难重重。不仅科研条件、生活条件十分恶劣，而且他要从事的这个基础性、探索性的新领域，也是前路漫长，要取得成功，必须有巨大的勇气和坚韧的毅力。

他带领团队在非常困难的条件下起步，创建了国内首个雷达目标特性研究实验基地；他带领团队在这个领域里艰难地奠基、开拓；他带领团队抓住机遇，一步一个台阶，实现快速发展，谱写了我国雷达目标特性研究的辉煌篇章。

从系统总体调整到雷达目标特性研究专业领域，是黄培康几十年航天科研工作中唯一的一次主动提出的工作调动要求，这对于他一生科研生涯具有重要的意义，对我国雷达目标特性研究领域产生了深远的影响。

在调入 207 所从事雷达目标特性研究 22 年后，黄培康率领他的研究团队编写出版了我国第一部雷达目标特性研究专著《雷达目标特征信号》，他在该书的第二章“雷达散射截面”中写道：

“20 世纪 30 年代雷达出现后，雷达目标成为雷达收、发闭合回路中的一个重要环节，人们就需要了解雷达目标的更多信息，雷达散射截面便是其中最基本、最重要的一个参数。20 世纪 60 年代初发展的识别与反识别洲际导弹真假弹头，以及 20 世纪 80 年代初隐身飞行器的隐身与反隐身技术，使雷达散射截面的研究出现了两次高潮。人们对各类目标进行了大量的静态与动态的测量研究和理论分析，先进的雷达技术也为目标特征测量提供了良好手段，为了深入研究雷达目标特性，电磁场理论的学者也纷纷转向目标散射理论研究。目前，有关雷达目标散射截面方面已有不少专著，雷达目标已成为雷达领域中的一个独立分支。”

读到这里，人们就能更深刻地理解，黄培康当年从系统技术研究转向雷达目标特性研究的抉择，是经过深思熟虑的，也是有远见卓识的。

40 多年来，在他走过的科研历程中，雷达目标特性研究出现了两次高潮。这不是巧合。从中我们能看到，当年黄培康作为一名年轻的航天电子技术专家，在认识和把握雷达领域发展趋势方面所具有的过人睿智和敢于探索研究新领域的勇气。

改革开放后，各种社会思潮也波及到航天系统，队伍稳定曾一度成为影响科研工作的重要因素。对此，黄培康始终保持着“心无旁骛”“心静如水”的心态，有条不紊地领导着他的团队，全面推进雷达目标特性研究的奠基工作，实验设施、手段建设和课题研究不断取得进展。

黄培康曾两次婉拒担任207所所长一职。

1983年，路平所长调离，院里考虑让黄培康出任207所所长。黄培康给院党委写信：“到207所10多年来，自己专心技术，深刻地感受到领导在各方面给予自己的支持和关心，与历届所领导配合也很默契。我感谢领导对我的信任，但是自己心里很明白，当行政领导、搞技术管理，不是自己的强项，因此，不愿意离开专业技术岗位。”

院领导只好先让黄培康临时负责了一段时间207所的管理工作，一个多月后，院党委安排王群任207所所长。

1984年，所领导班子再次调整前夕，所党委领导找黄培康谈话，告诉他院里仍打算让他接任所长职务。黄培康再次给院党委回信，婉言谢绝了让他出任所长的考虑。

1991年，黄培康调到院里担任重要职务，专项的首席科学家，虽然工作更加繁忙，责任更加重大，但是，雷达目标特性研究始终是他事业无法割舍的一部分，207所雷达目标特性研究团队也离不开黄培康的引领和指导。他仍然是207所雷达目标特性研究团队的学术带头人，团队重要的科研项目他都关心、指导，团队研究发展的重大问题他都参加策划、把关。

在他申报院士的“自我介绍材料”中，“专业或专长”一栏写着：“电子技术（雷达目标散射辐射）”；“本人专业领域及贡献”一栏也是着重填写从事“目标（含环境）电磁特性的研究和测量”以及这方面的重要贡献。

专心致志、凝神静气工作的黄培康

接近黄培康的人都有一个共同的感觉，就是他在几十年的雷达目标特性研究生涯中，无论是顺境还是困境，无论是在荣耀与赞扬的包围中，还是在动乱浮躁的环境里，他始终保持着一种安静平和、不急不躁的状态，有条不紊地做好他所从事的工作。

他视雷达目标特性研究为自己的生命，几十年孜孜不倦地致力于当初自己选择的科研事业，胜不骄，败不馁。

到底是什么样的理念与情操，使黄培康有这样超乎一般人的内心“定力”呢？

2006年，黄培康写了一篇回顾自己50年科研生涯的文章，从中，我们可以洞见他的内心深处，可以进一步理解他对事业与理想的认识。

他在文中写道：“科学像座宝塔，前人为后人添砖加瓦，后人在前人肩上攀登到宝塔的顶峰。航天尖端技术是千万人的事业，是一种社会性劳动，众人奠基，让航天员进入太空。”

“我 1956 年大学毕业，为中国航天干了整整半个世纪，梳理往事，历历在目……1971 年，我提出要求调动工作，经同意后，从系统总体转向专业研究，从事雷达目标特征领域的基础应用研究，一干就是 30 年。”

“在航天领域里，我体会到系统与专业是相辅相成的。众多的专业技术为航天系统奠基，专业必须做出创新性成果，系统在专业基础上集成，才能出集成创新的大成果。”

黄培康将自己所从事的目标特性研究清晰地定位为介于航天科学与航天工程之间的一项应用基础研究。

他认为，应用基础研究对于工程实践的价值不在于直接解决遥感卫星研制、导弹突防、飞行器隐身本身的问题，而在于解决它们的共性问题：低散射机理、强的杂散射背景中检测弱小目标特征、隐身机理……

在这篇回顾自己几十年从事雷达目标特性研究体会的文章最后，他深沉地写道：“作为一名航天工作者，自知不能独善其身，故我将穷毕生之精力奉献给我所热爱的航天事业。”

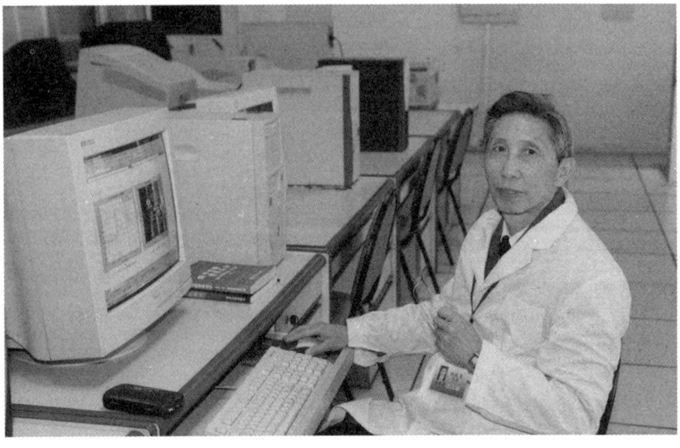

在实验室开展科研工作的黄培康

黄培康热爱雷达目标特性研究，献身雷达目标特性研究，最主要的，在于他清醒地认识到，自己所选择的雷达目标特性研究事业与奋斗终生的中国航天事业之间的紧密联系，清醒地认识到，自己所取得的每一项研究成果，都会在航天领域发挥重要作用。

这样一种无比巨大而不竭的力量，推动着他几十年孜孜不倦，在这个基础性科研领域创业奠基，不断突破，走向辉煌。

2.“顶天”与“立地”

黄培康提出，应用基础研究的科学家必须具备“顶天立地”的素质，所谓“顶天”，就是要能跟踪科学前沿；所谓“立地”，就是要致力于解决工程问题，理论不能脱离实际。

多年来，黄培康在发展与完善雷达目标特性的概念及其理论、精确成像、角闪烁以及隐身技术等方面，都有重要的理论创新和测量实验技术创新，在学术上，他始终保持与本领域国际先进水平接轨。

1987 年，他参加联合国教科文组织“地球资源开发与遥感”研讨班，致力于解决遥感数据与实际目标物理参数的解译问题；2001 年，他在北京国际雷达会议上作关于目标特性研究与测量的特邀报告，在大会上引起很大反响；他作为国际宇航联地球观

1987年，黄培康（左五）与参加“地球资源开发与遥感”研讨班的亚非代表合影

1996年，黄培康（左）参加国际雷达会议，与雷达专家Farina（右）共同主持“雷达目标”分会议

2001年，黄培康在国际雷达会议作大会特邀报告

2004年，黄培康（左二）在法国图卢兹参加国际雷达会议

察委员会委员及IEEE高级会员，经常参加国际学术活动；他频频在国际著名刊物和中国英文版刊物上发表论文。

黄培康在科研工作中一贯坚持贯彻“需求牵引”方针，强调目标特性研究必须以型号研制需求为第一导向，研究成果必须能直接提供型号研制使用。他领导团队获得的众多科研成果奖励中，绝大多数都是直接为型号研制服务的研究成果。

207所转入目标特性研究后不久承担的我国首枚战略型号某系统方案设计和评估研究，就是目标特性研究直接为国家重点武器型号研制服务的“切入点”。黄培康领导他的团队克服重重困难，出色地完成了任务，为改进该导弹的关键性能作出了重要贡献。

在黄培康领导完成的科研项目中，最具代表性的就是“目标散射特性试验工程”。该项目以武器型号研制需求为导向，项目内容无论测量系统建设、实验室（场）建设改造，还是理论和测量技术研究，都有明确的需求背景。

该试验工程最后之所以能够获得鉴定专家的高度评价并获得国家科技进步奖二等奖，不仅是因为这项工程把我国在该领域的研究能力提升到了世界一流水平，更是因为这些能力的投入使用，为我国的各国防工业部门、各军兵种上百个单位提供了大量的测试与研究服务，为多种战略、战术武器型号研制提供了大量可靠的实测数据，为武器型号研制和相关技术发展提供了有力的技术支撑。

1991 年，在基础性研究领域辛勤耕耘 20 年，获得累累硕果的黄培康，被任命为国家“863”计划某直属主题的首席科学家。此时，黄培康的心境，好似“轻舟已过万重山”。在他的脑海中满是实际数据，看到框图中的名称似乎都可以见到具体的各类设备。

在任职首席科学家期间，黄培康领导专家组开展了大量有效的工作，为圆满实现国家对该主题的研究任务要求起到了承前启后的关键作用。从中，人们看到了一位“顶天立地”科学家的风采。

3.“厚基础，重概念”

20 世纪 80 年代初，黄培康率领他的团队在鹫峰脚下开始建立我国最初的雷达目标特性研究专业的时候，我国在这个领域基本上是一片空白。

黄培康和他的团队一方面要吸收消化国外该领域的理论和实验技术，同时必须根据国内国防科技和相关技术的需求，紧跟国外快速发展的步伐，开展自己的理论研究和创新。

“厚基础，重概念”是黄培康作为我国雷达目标特性研究的主要奠基人提出的一个重要治学思想，是他几十年来发展雷达目标特性理论的深刻体会之一。

黄培康求学时代就是一名品学兼优的学生，打下了良好的知识基础。参加到航天科研队伍以后，他在工作中坚持“强学力行”，进一步扩大、夯实了专业知识基础。转入雷达目标特性研究后，他更是把学习相关知识与研究工作融为一体。

在坚实的专业知识以及相关领域知识的基础上，黄培康领导他的团队没用太长时间，就在该领域达到了国际先进水平。

同时，他发展并完善了雷达目标特征信号概念及其理论，并在低散射（隐身）目标、目标多散射中心成像以及雷达目标噪声特别是扩展目标角闪烁等方面都作出了新的理论贡献。

黄培康在一篇题为《为航天尖端技术铺垫》的文章中写道：“雷达目标特征是雷达发射电磁波与雷达目标相互作用所产生出的各种特征信息，并将它们解译为目标形状、体积、质量、姿态、表面材料电磁参数和表面粗糙度等物理量，从而达到对遥感目标认知的目的。”

他把这个认知过程归纳为特征提取、特征变换和模式识别三大块，分别用电磁场理论、通信论（信息在时、频、空域变换）和模式识别理论来求解，借助于物理学中的这些经典概念和近代理论来构建雷达目标特征的新专业。

在这一段论述中，黄培康不仅强调雷达目标特征新专业的发展需要建立在基础知识之上，而且，基础知识的运用需要借助于概念。概念是反映客观事物根本属性的思维形式，人类在感性认识的基础上，从同类事物的许多属性中，抽出其共同的特点，加以概括，就成为概念。因此，只有建立起清晰的概念，人们才能深刻地理解和灵活运用基础知识。

黄培康历来重视概念问题。对于重要名词术语的翻译、使用他都十分在意，因为，语言的准确性会影响到概念的正确性。

从事目标特性研究工作，开始接触最多的英语单词是 radar cross section。这个单词怎么翻译？当时，看到的国内文字资料里，有的是直译为“雷达横截面积”，也有的意译为“雷达反射面积”。

一次，黄培康找到李柱贞说：“你是学物理学的，好好研究一下，这个词怎么翻译更合理。”按照黄培康的要求，李柱贞查阅了理论物理、原子物理方面的书籍，在理论物理、原子物理学中，也有类似particle cross section,photo cross section,atom cross section等词。但雷达目标非金属平面对电磁波响应为“散射”，而非“反射”，经过多次研讨，最后决定将radar cross section翻译为“雷达散射截面”较为合适。后来，在黄培康指导下编写的《雷达散射截面常用计算法》采用了这个译法，得到了国内同行的普遍认同。

为了规范雷达目标特性研究用语，黄培康指导团队编写《雷达目标特性测量研究术语》，被批准发布成为国家军用标准。

雷达目标特征研究不仅需要电磁场理论、雷达技术和许多基础科学的支撑，还涉及众多的相关学科。

黄培康在《为航天尖端技术铺垫》一文中写道：“概念是相通的。电磁场理论与现代光学概念相通，我曾用光学原理建立微波成像的点扩散函数；雷达理论与通信论相通的原理，我曾用信息量香农定理与熵来度量宽带雷达检测概率。只有基础扎实，才能概念清晰，要自觉地运用相邻学科的概念与理论来发展交叉学科和新兴学科。”

他的研究生陈军文（曾任207所所长，现任二院科技委副主任）回忆起黄培康曾经对他说过的一段话：“基本概念一定要清晰。基本概念不清，以后就没有办法，谁也帮不了你。”陈军文说：“老师的这几句话，我一直铭记在心里，几十年来从没有忘记。”

黄培康提倡“厚基础”是强调搞科研、做学问要打好坚实的知识基础，特别是理论基础，同样，他也十分重视科学实验中的物理概念基础。

在用测量法求得各种目标RCS（雷达散射截面）时，全尺寸目标散射外场静态测量和在微波暗室进行的缩比目标散射测量，都是采用相对标定法，就是通过对定标体与待测目标所测得的功率（或电压）比来推算目标RCS值，因此，都需要有一个已知精确RCS的定标体进行相对标定，定标体的精确度就决定了测量数据的准确性。

黄培康领导的团队将RCS单位“平方米”计量溯源于定标球几何量值一级计量，建立了国内RCS的最高标准，被确认为国家标准，未见国外优于该最小值准确度的报道。黄培康在两部雷达目标特性的专著里，都附有科研、工程实用价值的“金属导电球后向RCS数据表”，《雷达目标特征信号》还附有“相位的FORTRAN程序”，便于读者自行利用计算机数值求解金属球的后向RCS和相位的基础数据。

4.“高尚做事，低调做人”

黄培康教育自己的学生，要“高尚做事，低调做人”。这是他几十年献身航天事业坚守的一条人生准则，也是他获得成功的人生体验之一。

在他看来，人的一生真正为社会、为国家工作的时间不过几十年时间。一个人忙忙碌碌几十年，总的说来不外乎一是做事、二是做人，二者有不可分割的联系，但又反映人的不同侧面。人要能把握自己，实现自己的人生目标，就必须对做事、做人这两个方面都有自己坚守的准则。他的准则就是“高尚做事，低调做人”。

黄培康告诉他的学生们，必须先学会做一个好人，才能做好你干的事业。人在一生中，即使始终奋斗在一个领域，也会去做许多不同的事情，也会身处不同的环境，身边会发生各种各样使自己愉快或不愉快的事情。

譬如，我们的社会虽然在不断进步，可还是有不公平、不合理的现象存在，“老实人吃亏”的事不可能完全避免。因此，一个人必须要有自己坚定的人生准则，才能不被外部的环境和一时一事的成败得失所左右。

他说，自己走过人生几十年，回过头仔细想想，一个人只要在工作上、事业上，对自己坚持高标准、严要求，并始终保持谦虚谨慎、不骄不躁的做人态度，就总会取得成果。

在几十年科研生涯中，黄培康始终坚持“高尚做事”，即做什么事情都要求自己力争获得最好的成果，达到最高水平。年轻的时候，搞雷达技术的系统研究、研制，成为全院出类拔萃的技术骨干之一；转向雷达目标特性研究后，他带领他的团队从几乎白手起家走向国际一流；他出任国家“863”计划主题首席科学家，任期内领导完成了关键技术攻关和集成原理样机；他领导建设的实验室几十年保持国内领先水平并达到国际先进的同类实验室水平；他坚持“严进严出”，培养的研究生中，涌现出一批科研技术骨干和管理人才。他在科研工作中一贯坚持科学精神和严格要求，处理技术问题从不含糊、迁就。

1983 年，即便是短暂负责全所管理工作期间，他也在那短短的一个多月里，认真负责，严格管理。当时正赶上要上报年度科研计划，审查研究室报来的年度研究课题申报表，凡是他认为做得不符合要求的，一律将其打回去重做。

朱振福从美国进修回来，刚到 207 所电视监控工程组工作时，看到组里采用的电视成像组件仍然是传统的真空管硅靶成像器件，便建议改用国外已经使用的固态电子耦合器件（CCD），这是当时美国仙童公司开发出来的一种半导体表面器件，由 MOS 电容器阵列组成，利用电荷沿半导体表面传输信息。CCD 阵列组成的摄像传感器通过光电转换，将光量子转换为电荷载流子，并通过积分存储，将图像转换为空间分布的电荷图形，经扫描而实现二维成像。

这种固态成像器件所做成的电视摄像机与传统的真空成像器件相比，具有结构简单、体积小、功耗低、可靠性高等明显优势，并能大大降低电视摄像机的研制成本（因当时进口法国真空管硅靶成像器价格十分昂贵）和缩短设备研制周期。

没想到这个建议遭到组内多数人的反对，说这样会影响整套设备的报价和后续任务的争取，会砸了自己的饭碗。

朱振福很苦恼，找到所科技委主任黄培康汇报这件事。黄培康听后，立即表示支持他的建议。黄培康说：“现在国内与我们搞同类产品的单位，都采用真空管成像器件，大家都搞低水平重复竞争，对国家没有好处，207 所也没有自己的优势。我们应该抢先采用新技术。”

后来，组里又有人提出，使用 CCD 器件低温环境适应性没有把握。黄培康得知后说："先买一个，拿到环境实验室进行试验。"由于得到黄培康的坚决支持，这项建议终于得到了采纳。

但是，在日常与人接触中，黄培康始终保持谦和谨慎、礼貌低调的做人风格。在207所与他同一代人的眼里，他既是研究团队的学术领军人物、技术专家，又是平易近人的同事；在年轻一代人的眼里，他既是他们的导师和偶像，又是和蔼可亲的长辈。

黄培康对科学、对自己从事的航天事业始终怀着衷心的热爱和敬畏。

他从不过高评价自己和自己团队已经取得的科研成果和达到的水平。他心里装的首先是国家、军队对自己所从事的科研工作的需求，他看到的首先是国内、国际同行的发展、进步和竞争。因此，他总是在强调自己团队的不足，总是不停地告诉他的团队要有危机感。

黄培康具有很强的党性观念和党员意识。他的业务工作很忙，但是党的组织生活会他都尽量参加。在整党活动中，他按照要求，自觉对照检查自己；对于来自其他党员的批评，包括一些尖锐的批评，他都虚心听取。他还曾应207所党委的安排，给全所党员讲过关于理想问题的党课。

1986年，黄培康（前排右四）参加207所第一次党代会

无论职务、地位，黄培康对所有人都一样尊重。207所人力资源处负责研究生培养工作的郝梅彦说："黄总对人谦和、有礼貌，当选院士以后也是一样。我退休以后，有时在大院内遇到黄总，他总是热情地打招呼，停下来说几句问候的话。受他的影响，他培养的研究生也都和他一样有礼貌。像陈军文、殷红成等，当了领导以后，在院内遇到，还是喊我'郝老师'，热情地打招呼、问候。"

当选为中国工程院院士以后，黄培康仍然认为"自己只是一个普通的人"，在"低调做人"方面更注意严格要求自己。他不止一次地说："成绩是大家一起干出来的，我只是团队的代表。"

他身体比较好的时候，乘飞机到外地出差往往乘普通舱，虽然按规定他可以坐头等舱，但他总是想着能为单位节省一点就节省一点。

乘飞机回北京，他常常从机场打出租车甚至坐公交车回家或单位，因为怕飞机误点，觉得让单位的司机在机场等候时间长了不合适。

当选院士以后，邀请他参加的各种学术会议、学术活动更多了。凡是与自己专业技术关系不大的会议、活动他都谢绝参加。他说："我就是一个搞目标特性的，而且只懂得电磁特性。"参加与自己专业技术相关的会议前，他总是先看有关资料，或向有关人员了解情况，对自己会议上的发言、表态，十分严谨。

黄培康坚持“高尚做事，低调做人”的人生准则，几十年如一日。这不仅表现在他所从事的科研技术工作中，也表现在自己专业研究以外的一些管理性、社会性、公益性的工作和活动中，充分地反映出了他人性中光辉的一面。

航天二院1983年创办了一份学术刊物《系统工程与电子技术》，黄培康是最早的编委会成员之一，1986年担任编委会副主任，1991年起担任常务副主任至今。院长是编委会主任，编委会的一般事务由常务副主任处理，代表院里领导该刊物的编辑、出版工作。

多年来，黄培康一直把领导办好《系统工程与电子技术》列为自己的重要工作之一。他对刊物的编辑、出版工作提出了很高的要求，提出要努力把《系统工程与电子技术》办成航天系统内标志性、代

黄培康（二排中）与《系统工程与电子技术》编辑部成员合影

表性的刊物，通过这个学术交流和成果发布平台，展现二院的科研实力和学术水平，促进人才成长。

1993年，刊物出版英文版，受到国外学术界的重视。黄培康要求刊物的英文版要能体现中国的航天水平。

在2009年编委会会议上，黄培康提出要对刊物的栏目设置进行调整。他说，栏目的设置决定刊物的生存、发展，必须与时俱进，紧跟科学技术发展和读者需求改变的新趋势。会后，他根据编委会的讨论意见，用中、英文两种文字写出了刊物调整后的栏目设置，交给编辑部主任。栏目调整后，各方面反映良好。

黄培康亲自参加刊物的审稿。编辑部觉得黄培康肩负国家重任，且年事已高，尽量不用具体事务打扰他，黄培康却总是说："有什么稿子需要我审，就送来。"多年来，凡是送给黄培康审的稿子，他从未用"工作忙"等借口拒绝过，而且，每次送他审的稿子他都审得十分仔细。

2009年，编辑部邀请部分在京编委集中审一批拖期的稿子。那天，黄培康带领大家紧张工作一天，完成了审稿工作。一些参加审稿的高校老师对编辑部的人说，一位院士竟抽出一整天坐在这里，帮编辑部处理稿子，真是让人由衷钦佩！

有一次，刊物申报一个国家项目，编辑部请黄培康带队去参加评审会。黄培康以往都是以专家身份出席评审会，评审别人，这一次请他作为刊物的代表接受别人的评审，这让编辑部主任的心里很纠结。没想到，在她提出这个想法后，黄培康很爽快地答应下来，认真地参加了这次评审会，并在会上作了补充汇报发言。

2014年，编辑部应约与来访的美国"SCI"授刊部的负责人会面。"SCI"是世界有代表性的科技期刊检索数据库，刊物的文章能被它录用检索，是其世界影响力的一个标志。编辑部对这次会面很重视，事先对会面涉及的内容进行了充分的准备。黄培康代表刊物编委会参加会面，编辑部所在单位的张海峰副所长陪同参加会面。

那一天，会面开始前，编辑部的人员在酒店会客室等待。当黄培康走进会客室时，编辑部人员的内心一下子受到了很大震动。他们看到，一贯衣着朴素的黄培康，那天一身西服正装，领带、皮鞋都十分讲究，手里常年使用的蓝布提包也换成了一个很讲究的公文包，而他们自己却仍都是一身平时穿着的非正式着装。

那次会面很成功，编辑部介绍了《系统工程与电子技术》的相关情况，黄培康与对方热情地用英语进行交谈，着重介绍了《系统工程与电子技术》刊物的学术定位与专业定位。对方对黄培康十分尊重。来访的"SCI"负责人表示,《系统工程与电子技术》编辑部，尤其是黄培康院士给他留下了十分深刻的印象。

会面后，编辑部人员的心里都很不平静。一同前往会面的张海峰副所长深有感触地说:"黄培康院士今天又给我们上了深刻的一课，从参加会面的着装这样一个细节上，我们又一次看到了航天老一辈科学家治学的严谨和做事的认真。"编辑部主任施荣说:"这件事虽然过去好长一段时间了，但是，黄培康院士的无言身教，让我们一直难忘，使我们进一步懂得了做事情要严谨，严谨就必须注意细节。正式场合的着装，从一个方面表现一个团队、一个人的素质。着装庄重，既是对对方的尊重，也是对自己的尊重。”

近年来，刊物编辑部从主任到编辑都是年轻人。2009 年，施荣刚担任主任职务时，有些信心不足。第一次向黄培康汇报工作，就从他那里得到很多鼓励。后来，每次见面，黄培康都会问施荣：“工作中有什么困难？”“有没有问题需要我帮助解决？”黄培康的关心和支持，使施荣不仅深受鼓舞，而且感觉搞好编辑部的工作背后有了靠山。

黄培康有时到编辑部来看望大家，除了询问工作情况，也会聊几句家常，大家都觉得很温暖、亲切；有的要求与院士合影，他也十分随和。施荣有时到黄培康家里向他汇报工作，黄培康会逐个点着名字，询问编辑部每个人的近况。

在编辑部这些年轻人的心中，黄培康既是受人尊敬的权威和他们崇拜的偶像，又是一位慈祥可亲的长者。黄培康的言传身教，对于稳定编辑部的人员，使这批年轻人安下心来，从事默默无闻的编辑工作，起到了一般说教无法起到的作用。

5. 终生学习，矢志不渝

2014 年年初的一天，负责院士业务工作的秘书王昕在整理历史档案资料时，问黄培康，当年是什么想法促使他申请离开总体单位，调往 207 所的？出乎小王的意料，黄培康平静地告诉他：“那时调到 207 所去，就是为了到那里能安下心来看书，在 207 所 20 年，看了 20 年的书。”

这不经意的一问一答，揭示了黄培康内心深处的感受。在 207 所工作的 20 年，黄培康走过了他科学研究生涯中经历最丰富、成就最辉煌的一段历程。但是，在这次简短的对话中，他没有讲专业技术上的追求，也没有提及 20 年间经历的曲折和取得的成就，而是把这一段不平凡的经历留在自己心中最深刻的记忆浓

黄培康在家中书房看书

缩成两个字——“看书”。

从这里可以看到黄培康对书的酷爱以及“看书”在他的生活中的崇高地位。在黄培康那里，“看书”与事业是不分的。

在其他场合，黄培康也对于当初调到207所工作的想法说过类似的话。他说，那时候，并没有太在意207所面临的困难，他看重的一是目标识别研究对他的吸引力；二是这个研究所是按照钱学森的指导思想建立的，研究队伍基本上来自中国科学院，他相信那里有良好的做学问的环境。

在207所老人们印象中的黄培康不抽烟、不喝酒、不打牌，似乎也没有时间与别人闲谈、聊天，除了工作，他最主要的爱好，就是“读书学习”。他每天上班来得早、走得晚，除了到实验室工作或在办公室与人讨论工作和学术问题外，其余时间都是坐在办公桌前安静地阅读书籍、资料。

与黄培康工作关系密切的人都知道，他一直保持着晚上看书的习惯。在很长一段时间，黄培康家的居住面积只有70多平方米，且在顶层，他上有老、下有小，不可能有一张属他自己单独使用的书桌。身边的工作人员有时晚上到家里向他汇报工作、请教问题，常常看到他和女儿同坐在一张桌子旁边读书、学习。

一个星期天，他的研究生许小剑到他家里请教问题，那天天气很热，进门看到黄培康穿着大背心、大裤衩，手里拿着蒲扇，正坐在一个方凳边“伏案工作”。想不到自己敬爱的老师的工作条件连研究生都不如，许小剑顿时百感交集，这一幕一直深深地印在他的心里，几十年了，都无法忘怀。

李柱贞、吕婴、向家武三人合编的《雷达散射截面常用计算法》一书，黄培康校稿是用业余时间在家里完成的。每天晚上，他都是等家里的大人、孩子都睡下了，坐在床上把摞着的被子当“书桌”，书稿就是这样仔细阅改完毕的。

多年来，黄培康每天晚上都是在这种条件下，或看书学习，或著书立说。所党委书记吴钦洪有晚上睡前在院内散步的习惯，经常晚上十点多钟、十一点钟左右，散步走到黄培康住的楼下，看到黄培康家里的灯总是亮着。

从1957年参加航天科研工作以来，黄培康在不同的工作单位，做过不同的科研工作，从技术员成长为国内一个研究领域的领军人物和国家“863”计划的主题首席科学家。几十年中，他始终把读书学习与工作紧密地融为一体，他的全部身心都献给了自己所从事的科研事业，因此，读书学习也始终是他工作、生活的一部分。

1957年至1970年（特别是“文革”前），刚刚加入航天大军的黄培康年轻气盛，热情洋溢，拼命工作，拼命学习。除了参加组织上安排的两次留苏俄语培训学习外，还参加了老五院的科技德语培训，加上他大学里良好的英语基础，经过在工作实践中使用、训练，外语成了黄培康科研工作的一个有力工具，他能熟练或较熟练地运用三门外语：英语能读写专业书籍，熟练一般会话；俄语能读写专业书籍，一般生活会话；德语能阅读专业书籍。1963年，他利用业余时间到中国科技大学进修现代数学，在黄培康的著作和论文中，人们经常可以领略到他深厚的数学功底。

每当工作单位变动或承担新的研究任务时，黄培康都会系统地阅读有关书籍、查阅相关资料。

已经是中国工程院院士的黄培康，一次与苗湘臣谈起在老三室的往事时，深情地说："我要终生感谢老三室的同事们，在那么困难的情况下，由于他们的理解和照顾，使我有了充裕的时间看书学习，对目标识别和目标特性有了较系统的了解。"这一段发自内心的话，也是黄培康那一段生活的真实写照。在老三室任主任的三年多时间里，黄培康把特别困难的环境变成了读书学习的好机会，为他顺利地转向雷达目标特性研究奠定了基础。

1986年至1991年，黄培康亲自参加多个隐身技术课题的研究，先后担任航天工业部导弹隐身技术总体组副组长，国防科工委隐身、反隐身技术专业组组长。在此期间，他系统地阅读了有关"隐身飞行器"的三部英文原版专著（无中文译本），系统地阅读了"隐身飞行器"等有关专著。

黄培康的学生们，有一批已经成长为国内雷达目标特性研究领域的知名专家，他们始终对自己老师渊博的专业知识和过人的智慧抱着深深的敬畏。国内同行和团队的同事们，都敬佩黄培康在专业技术领域的博学和睿智。黄培康的领导和长辈，也都对他的勤奋和学术水平给予了高度的评价和赞赏。

在"五七"干校劳动期间，宋健在对住同一宿舍的苗湘臣谈起黄培康时，称赞黄培康"是一个很优秀的技术人才，非常刻苦勤奋。"

著名雷达技术专家张履谦院士，在黄培康从事型号总体工作时，与其工作联系较多。在评价黄培康时说："他是我接触过的一个具有科学家素质的总体人员，他不仅关注系统的技术参数、指标，还设法搞清楚与之相关的现象、理论，给人的印象，他是一个可以托负重任的人。”

黄培康在献身航天科研事业的征途上，以书为伴，以读书为乐，这成就了他的聪明才智，成就了他的事业，也成就了他独具特色的人生。

黄培康青年时期投身我国航天科技事业，先是从事雷达制导系统研究、研制，成长为受到钱学森欣赏、宋健器重的年轻优秀人才；进入中年以后，在雷达目标特性这样一个基础性研究领域，几十年坚持不懈地开拓、耕耘，从艰苦创业开始，一步一个台阶，带领团队走进世界一流水平的先进行列，理论上有一系列创新，为武器型号研制提供了大量实验数据和技术服务，为国防科技相关领域的发展提供了有力的支撑；继而，又担当系统研究与设计重任，领导国家“863”计划某直属主题的关键技术攻关工作，为圆满完成该直属主题的计划作出了重要贡献。黄培康为我国航天事业奋斗走过的历程和取得的成就，在群星灿烂、英雄辈出的航天研究队伍中，也是凤毛麟角、难能可贵的。

黄培康

黄培康院士传记

Academician Huang Peikang's Biography

第十二章 挚爱亲情　温馨人生

黄培康继承了中国的优秀传统，对老人百般孝敬、悉心照顾，对妻子相濡以沫、一路相伴，对子女教导有方、身为楷模，对兄弟姐妹手足情深、以礼相待。

中国古代先贤提出："修身、齐家、治国、平天下。"这既是中国知识分子的伦理道德规范，也是他们社会实践的不二法门。黄培康正是一个继承了中国优秀传统的知识分子。"百善孝为先"，他是一个大孝子。他与妻子感情恩爱和谐，一路走来，互相扶持，是一个好丈夫。他父慈子孝，是一个好父亲。他兄友弟恭，是一个好弟弟、好兄长。正是在修身、齐家的基础上，他秉持忠恕之道，推己及人，成为一个具有优秀品格的航天科技工作者。

1. 一个大孝子

接近黄培康的人都知道，他是个大孝子。

他回上海老家探亲，总是帮助年迈的母亲洗脚，搀扶着母亲外出遛弯。

随着年龄的增高，母亲病重逐渐瘫痪在床。那时，黄培康家的住房只有70多平方米，已经有了两个孩子。为了尽孝，他还是将两位老人接到北京与自己同住，赡养照料。后来，父亲突发心脏病，抢救无效去世。老父病逝后，黄培康在太平间守着老人遗体，他自责未能及时发现父亲的病情，未能更多地尽孝。他为父亲举办了一个有亲朋好友参加的小型遗体告别仪式。父亲退休后长期服务的家乡工会也发来了唁电。告别仪式上，他满怀深情地宣读了自己写的悼词，怀念父亲的生平和做事为人，感恩父亲的培养和熏陶。

母亲是患脑梗塞瘫痪的。他把生活不能自理的母亲接到身边，精心照料多年。后来，在不得已的情况下，让母亲辗转弟弟和姐妹家。1995 年，母亲在弟弟家去世。黄培康在母亲去世前一个月，见了母亲最后一面，未能最后送终。慈父母的照片，一直摆放在黄培康的书架上，缅怀父母深情。

多年之后，黄培康翻出一个小本，上面详细记录着母亲前后十五年瘫痪期间各种重要信息，甚至包括每次更换居住地和时间。看到它，黄培康便又一次无限地痛心与无奈。老母亲总念想着落叶归根，在老家度过余生，但因种种原因难以实现老人的愿望，只好让老人家在儿女多家轮住，最终在他乡告别人世，这在黄培康心中留下了永远的遗憾。

岳母病重以后，黄培康夫妇也将老人接到身边赡养。老人卧床九年，黄培康与爱人一直精心照料，最后靠鼻饲维持生命，直至去世。

2. 相濡以沫的恩爱夫妻

黄培康在航天领域辛勤奋斗了近 60 年，在不同的科研领域取得了令人称赞的成就，培养高素质人才也是成就卓著，桃李满园，这些成功与他有江雷这样一位贤内助是分不开的。

江雷也是上海人。1959 年，江雷在上海读高中三年级。学习成绩优秀、即将高中毕业的江雷与同班的几个优秀的女同学一样，把中国科技大学作为自己最理想的大学。但就在高考前夕，学校校务长将一份通知送给她，说：你已被选送到北京国防部第五研究院学习，女同学就你一人。作为高中毕业生能够直接去参军并且是去国防部五院学习与工作，这在学生当中产生了很大的反响。大家带着羡慕的眼光为她贺喜。

在二分院成立之初，为了尽快开展我国的航天事业，各方面工作都在高速进行。筹建技校的报告递上去后，上级机关还没有批复，就已经把学员招收进来了。当时办学条件十分简陋，各方面工作还没有走上正轨。江雷作为第一批学员，经过十个月的速成培训，1960 年就分配工作正式上岗了。

江雷被分配到黄培康的工程组，成为了航天科技大军中的一员。在工作和相处中，自己的顶头上司、工程组组长黄培康逐渐对江雷产生了吸引力。黄培康一表人才、一身帅气，不仅技术能力强，擅于做组织工作，受到全组人员的尊重，而且对人热情，处事随和，人缘很好。

江雷发现自己总愿意在工作上寻求黄培康的指导，也经常向组长汇报思想。慢慢地，黄培康对江雷的美貌单纯、为人善良也产生了好感。就这样，二人逐渐建立了恋爱关系，最终结为夫妻。

结婚后，黄培康依然全身心地投入到他热爱的航天事业中，江雷就一直站在黄培康的身后，陪伴他风雨前行，默默地支撑着这个家，无怨无悔。他们的家慢慢地从“二人世界”，到后来变成上要赡养三位老人、下要养育一双子女的大家庭。

1963年，黄培康与江雷的结婚照

几十年过去了，老同学聚会时，几位高中女同学因为当时各自不同的选择，走过了不同的人生道路。有的人很羡慕江雷，说正是由于当初被选送到了国防部五院，才有幸嫁给黄培康这样优秀的人，组建了幸福的家庭。江雷每次都幸福洋溢，心里想着，这就是她与黄培康的缘分。

黄培康和江雷从相识、恋爱、结婚，相濡以沫地携手走过了半个多世纪。江雷默默地为家庭操劳，承担家庭的大部分重担，心里却毫无怨言。她十分理解黄培康在事业上的追求，全力支持他工作上的各种抉择。有这样一个贤惠知心的妻子，黄培康在事业上毫无后顾之忧。

黄培康担任 26 所三室主任时，所里安排的宿舍是没有客厅的两居室，套房内住两户人家。黄培康他们本来住在大房间，另外一位同事住另一间小房间。两家人关系很好，相处得很融洽。

后来黄培康知道，同住的同事爱人即将生孩子，老家又来人照顾。一个十来平方米的房间，无论如何也住不下。黄培康与江雷商量后，找到同事，告诉他把两家的房间对换一下。那位同事推脱说："怎么能住主任的房间呢？"黄培康坚决地说："别说了！不这样的话，你们家的困难没法解决。"说完就开始动手搬家。用了仅 1 个小时的时间，把日常生活用的主要东西换了一下，两家就互

1995年，黄培康（右）与江雷（左）合影

2015年，黄培康温馨的全家福（后排左起：女婿赵明辉、女儿黄真、儿媳胡京莉、外孙赵剑北；前排左起：夫人江雷、孙子黄安迪、儿子黄忱、孙女黄安雅、黄培康）

换了房间。这件事让同事非常感动，几十年来常挂在心上，江雷说同事间有困难，互相帮助是常事，不要再提了。

黄培康与爱人江雷对同事、邻居很好，对他们的学生也非常关爱。他们经常一起在家做饭，招待学生们。从第一批带的学生许小剑和巢增明开始，许多学生都曾是黄培康家里的客人。品尝师母煮制的香浓的咖啡，成为黄培康许多研究生的美好记忆。细心的江雷还特地制作了一个通讯录，上面记录着每个研究生和他们配偶、子女的信息。

3. 父亲的背影永远伟岸

黄培康有一子一女，在书香家庭的熏陶下，他们都勤奋好学，知书达理，

黄培康（右）与幼年时期女儿、儿子的合影

黄培康（中）与儿女野餐

事业有成。

女儿黄真毕业于北京医科大学（现北京大学医学部），后留学于英国剑桥大学医学系，受父母的影响，心怀一颗爱国之心。为了祖国，黄真怀着身孕，与同在剑桥留学的丈夫赵明辉一起回国，现均在北大医院从事医务工作。

儿子黄忱从北京航空航天大学毕业后，到美国纽约州立大学布法罗分校留学，博士毕业后在美国工作。儿子成家并有了一个女儿和一个儿子。黄培康夫妇一直对儿子一家挂念在心。2013 年 4 月，经黄培康请求及单位批准，他出国探亲。黄培康夫妇在美国与儿子一家团聚，又正好赶上小孙子的降生，享受了天伦之乐，精神上得到了极大的安慰和满足。

女儿黄真最敬佩父亲，对父亲充满了孺慕之情。在她的心中，父亲是孝敬父母的楷模。她回忆道："奶奶育有子女 8 人，父亲是长子，有两位姐姐。父亲的一大家非常有凝聚力，这与家教和长兄的作用分不开。"

黄真说，父亲当年将年迈的爷爷和瘫痪在床的奶奶接到北京，后来又将病重的外婆接到北京，至今黄真还清晰地记得全家对三位老人精心照料的点点滴滴；后来爷爷去世时，父亲极度痛苦和精心办理爷爷丧事的情况也让她记忆深刻。黄真从内心深处能体会到父亲对于让奶奶在几家轮换居住内心的无奈和痛苦。父亲对长辈的敬爱之情和尽孝之举，幼小的黄真看在眼里，印在脑海里，心灵被深深感染着！

黄真常常听叔叔、姑姑们回忆往事时感慨：长兄如父！黄培康参加工作早，弟弟读书时，黄培康常给他们寄学费。兄弟姐妹间有任何需要帮助的事，他都义不容辞。他是黄家的主心骨和最可信赖的人。

黄培康还常常给黄真的堂兄弟姐妹们讲述他们父母励志、艰辛的故事和黄家的家风，关心他们的成长。黄真深切地体会到，父亲不管在他的兄弟姐妹，还是在黄家下一代人的心目中，都极受敬仰和爱戴，对他们待人接物、为人处

女儿与丈夫在英国剑桥大学留学

儿子从美国纽约州立大学布法罗分校毕业时与家人在一起

孙女孙子一起弹钢琴

黄培康（左）与外孙的合影

世等各方面都发挥了潜移默化的影响。

黄真认为，自己的成长端赖父亲的严格要求和培养，正所谓慈父良师，家教有方。

黄培康到西北做抗干扰试验时，黄真才出生几个月。家中顶梁柱为公出差，一走就是半年，为了大家亏了小家。这种对待事业的精神，对黄真以后的成长影响很大。

黄真记得，父亲下放劳动结束后回到北京工作，将6岁的她从奶奶家接到自己身边。那时，母亲还在湛江下放劳动，于是他既当爹又当娘。当时父亲工作状态还不稳定，她经常随时变换住地，甚至上一段小学，又回到幼儿园寄宿。那时候，黄真体弱多病，记忆中常在父亲的背上随他奔波，可想而知，当时父亲有多么不易！

但那段童年经历却给她留下了许多美好记忆。尤其在北安河小学读一年级的半年左右，黄真过着集体大家庭的生活！食堂的韩爷爷总是留好中午饭等她放学，还把自己省下的鸡蛋留给她吃；父亲有时晚上不能返回鹫峰山上的家，她就和父亲研究室的孙竞阿姨睡觉；平日和山上的小伙伴、叔叔阿姨们同吃住、共生活，在果园般的鹫峰山上收获着童趣，却不知父亲那时有多无奈和操心！

随着黄真逐渐长大，在上小学、中学时，父亲常常会与她分享他对一些现象或事情的看法，他以这样平等交流的方式，潜移默化地影响着小黄真的价值观，培养了她喜欢独立思考、坚持自己观点、崇尚独立人格的性格。

黄培康为人正直，做事磊落，善待他人，严于律己，这些品行在生活的点点滴滴中都能体现，也以身体力行的方式教育影响着自己的子女。

黄真还记得父亲有很多好习惯。他喜欢读书看报，发现好的段落或文章，他就会摘抄或剪下收藏，并在旁边整整齐齐地添加标注或做些笔记，然后推荐给孩子们，一起分享。这使子女也养成了这样的习惯，在学习、工作、自我修炼方面很有帮助。

黄培康喜欢音乐，家中的音响设备是他亲自挑选、设计、安装、调试的。摄影是他的另一个业余爱好。黄真记得童年时，就与父亲在家中壁橱里冲洗与放大黑白照片，父亲还常常教她如何取景。这些爱好对他们提升修养、培养生活情趣、追求美好事物有很大影响。

平时黄培康喜欢整理他的物品，书籍、资料、笔记、照片，等等，都分门别类，整齐有序。日常生活也规律、有节。这些好习惯既铸就了他事业的成功，也为子女树立了榜样。

黄真说，现在目视着父亲的背影，驼背渐渐加重，身高渐渐矮缩，步伐渐渐缓慢，但是，那曾经背着她奔波的后背依然温暖着她的身心，那正直的脊梁依然坚挺，那善良朴实的心依然充满活力。父亲的背影永远伟岸！

黄培康的部分摄影作品

黄培康主要论著

一、雷达目标特征

[1] 黄培康.雷达发展的一个分支——特征信号测量.国外电子技术，1979,(3).

[2] 黄培康.反导弹系统中的目标识别技术.现代防御技术，1981,(5).

[3] 黄培康，许小剑.旋转目标微波成像中的旁瓣抑制研究.宇航学报，1988,(4).

[4] 黄培康.雷达目标特征信号在导弹制导中的作用.系统工程与电子技术，1990,(3).

[5] 黄培康，殷红成.扩展目标的角闪烁.系统工程与电子技术，1990,(12).

[6] Xu Xiaojian, Huang Peikang. A New RCS Statistical Model of Radar Target. IEEE Trans. on Aerospace and Electronic Systems, 1997, 33(2).

[7] 黄培康，许小剑.宽带雷达目标特征信号的表达与处理.国际雷达年会，1995.

[8] Yin Hongcheng, Huang Peikang. Unification and Comparison Between Two Concepts of Radar Target Angular Glint. IEEE Trans. on Aerospace and Electronic Systems, 1995, 31(2).

[9] Huang Peikang, Tao Wei, Xu Xiaojian, Feng Zhenxun. Radar Target Full-Scale Measurement and Data Processing. Proc. of the International Radar Conference, 1996.

[10] Huang Peikang, Yin Hongcheng.Equivalent Currents on an

Anisotropic Material Backed by a Metal Surface and Their Relation. Journal of Systems Engineering and Electronics, 2000, 11 (4).

[11] Huang Peikang, Yin Hongcheng, Lin Guisen, Tao Wei, Chen Junwen and Xiao Zhihe. Measurement and Research on Radar Target Signatures in China. Proc. of the International Conference on Radar, 2001.

[12] 黄培康，闫锦．弹道导弹(BM)对抗中的识别与反识别技术．航天电子对抗，2005，(3)．

[13] Yin Hongcheng, Huang Peikang. Further Comparison between Two Concepts of Radar Target Angular Glint. IEEE Trans. on Aerospace and Electronic Systems, 2008, 44 (1).

[14] 黄培康．雷达目标散射的几个问题研究．中国电子科技大学学术研讨会报告，2012.

[15] Huang Peikang, Ning Chao, Xu Xiaojian, Yan Hua & Hou Zhaoguo. A New Solution for Polarimetric Radar Cross Section Measurement and Calibration. Journal of Systems Engineering and Electronics, 2014, (2).

二、雷达学与雷达技术

[1]黄培康．引入“扩展谱”和“无载波”两个新概念．系统工程与电子技术，1982，(4)．

[2] 黄培康．雷达技术评论（代序）．系统工程与电子技术，1985，(12)．

[3] 黄培康．聚焦雷达“热点”——参加2003年国际雷达会议后感．系统工程与电子技术，2003，25(10)．

[4] 黄培康，张志德．外层箔条云团再入时的雷达抗干扰分析．系统工程与电子技术，1982，(4)．

[5] 黄培康，许小剑．逆合成孔径原理与旋转目标成像．逆合成孔径雷达文

集，1984.

[6] Huang Peikang, Gu Zhixian. Classification Method Using Combined Emissivity and Scattering Parameters. Journal of Systems Engineering and Electronics, 1982,(4).

[7] 黄培康，许小剑.高分辨力微波成像技术. 中国航天二院35周年学术报告论文集，1992.

[8] 黄培康，许小剑，巢增明，肖志河.小角度旋转目标微波成像.电子学报.1992,(6).

[9] Xu xiaojian, Huang Peikang. Super-Resolution Techniques with Applications to Microwave Imaging. Proc. of the International Conference on Radar, 1992.

[10] Huang Peikang, Ren Hongmei, Yan Jin. Microwave Imaging and Signature Identification. Academic Report of the University of Tokushima in Japan, 11, 1997.

[11] 黄培康，文树梁，闫锦.宽带雷达/导引头技术前瞻.航天二院建院50周年会议论文集，2007.

三、空间电子学

[1] 黄培康.现代谱分析的发展概况.系统工程与电子技术，1983年增刊.

[2] 黄培康.展望90年代的目标、环境和制导技术.系统工程与电子技术，1988,(1).

[3] 黄培康.隐身与反隐身技术展望.航空航天部二院科技委学术交流论文集，1990.

[4] 黄培康.隐身飞机和隐身导弹.中国航天，1992,(2).

[5] Huang Peikang. Prolog to the Special Section on Space Electronics.

Journal of Systems Engineering and Electronics, 1993, 4 (3).

[6] 黄培康. 飞行器隐身技术评述. 系统工程与电子技术, 1984, (1).

[7] Yin Hongcheng, Huang Peikang. A New Stealth Technique for Vehicles Based on the Enhancement of Angular Glint. Journal of Systems Engineering and Electronics, 1993, 4 (3).

[8] 黄培康, 肖志河, 等. VHF/UHF 频段反隐身目标研究. 中国宇航学会电磁信息专业委员会学术报告会, 2006.

四、主要著作与译作

[1] 黄培康, 等. 雷达目标特征信号. 北京: 宇航出版社, 1993.

[2] 黄培康, 殷红成, 许小剑. 雷达目标特性. 北京: 电子工业出版社, 2005.

[3] 李蕴滋, 黄培康, 郝祖全, 林平苹, 秦忠宇. 雷达工程学. 北京: 海洋出版社, 1999.

[4] 乌拉比 FT, 穆尔 RK, 冯健超. 微波遥感——雷达遥感和面目标的散射、辐射理论. 黄培康, 汪一飞, 译. 北京: 科学出版社, 1987.

黄培康大事年表

1935 年

9 月 28 日，出生于江苏省南汇县新场镇（现属上海市浦东新区）。

1940 年　5 岁

9 月，就读于上海喇格纳小学。

1943 年　8 岁

9 月，就读于江苏省南汇县新场小学。

1946 年　11 岁

9 月，就读于江苏省南汇县新场镇乐育中学（初中）（新场中学前身）。

1949 年　14 岁

9 月，就读于江苏省立上海中学（高中）。

1952 年　17 岁

9 月，就读于山东工学院电机系。

1953 年　18 岁

9 月，院系调整，就读于南京工学院电信系（后改为无线电工程系）。

1956 年　21 岁

9 月，在北京俄语学院留苏预备部研究生班学习俄语。

1957 年　22 岁

9 月，在国防部第五研究院无线电室工作。

11 月，转入国防部第五研究院二分院无线电室工作，技术员。

12 月，分配到二分院雷达设备室工作。

1959 年　24 岁

9 月，加入中国共产党。

1961 年　26 岁

在国防部五院二分院二部工作。

1963 年　28 岁

5 月，与江雷女士结婚。

1969 年　34 岁

9 月，“五七”干校劳动锻炼。

1971 年　36 岁

9 月，调入新成立的七机部二院 207 研究所，任第三研究室主任。

以后历任总体研究室主任、副总工程师、科技委主任等职。分别评为高级工程师、研究员。1991 年离开 207 所。

1978 年　43 岁

10 月，“相关理论和技术研究”项目获 1978 年全国科学大会奖。

1984 年　49 岁

5 月，“目标与环境特性试验工程”重大项目立项，开始研制。

1985 年　50 岁

9 月，率 207 所代表团，出访并参观美国密执安大学等微波暗室。

1987 年　52 岁

1 月，参加联合国教科文组织“地球资源开发与遥感”研讨班，作题为《中国微波遥感》报告，并担任一专题研讨会的主持人。

出版译著《微波遥感——雷达遥感和面目标的散射、辐射理论》(57.1 万字，合译第一译者)。

1991年 56岁

5月，担任国家高技术“863”计划某直属主题首席科学家，至1996年间，领导攻克10项关键技术，集成我国第一代某原理样机。

7月，任航空航天工业部二院科学技术委员会副主任。

1993年 58岁

出版专著《雷达目标特征信号》(38.1万字，合著第一作者)。

1994年 59岁

12月，获光华科技基金一等奖。

1995年 60岁

率代表团出访并参观俄罗斯与欧盟各国，并进行学术交流。

1997年 62岁

10月，国家级“电磁散射重点实验室”建成，通过评审验收，任实验室学术委员会主任。

10月，“目标散射特性试验工程”项目鉴定，获1999年度国家科技进步奖二等奖。

1999年 64岁

3月，出版专著《雷达工程学》(38万字，合著第二作者)。

8月，任中国航天机电集团公司第一届科学技术委员会常委。

2001年 66岁

10月，在国际雷达会议上作题为“中国雷达目标特征测量与研究”大会特邀报告。

10月，成立中国航天二院研究生院，任常务副院长、名誉院长等职。

1983年起，历任中国航天二院学位评定委员会委员、主席、常务副主任等职。

2004年　69岁

5月，任中国航天科工集团公司第二届科学技术委员会顾问。

2005年　70岁

3月，出版专著《雷达目标特性》(39.6万字，合著第一作者)。此书于2007年荣获第一届中国出版政府奖图书奖提名奖。

10月，当选为中国工程院院士。

2006年　71岁

10月，获“从事中国航天事业50年重大贡献奖”。

2008年　73岁

12月，获国家科技进步奖特等奖。

2009年　74岁

4月，任中国航天科工集团公司第三届科学技术委员会顾问。

2011年　76岁

9月，出版科普读物《十万个为什么》第六版，任编委会委员、《武器与国防》分册主编之一。

2014年　79岁

4月，任中国航天科工集团公司第四届科学技术委员会顾问。

2015年　80岁

6月，任中国航天二院科技委顾问。

参考文献

[1] 黄培康，殷红成，许小剑．雷达目标特性[M]. 北京：电子工业出版社，2005.

[2] 石磊，王春河，张宏显，等．钱学森的航天岁月[M]. 北京：中国宇航出版社，2011.

[3] 田在津．中国空军击落U-2的电子战[M]. 北京：蓝天出版社，2012.

[4] 陈辉亭．飞鸣镝[M]. 北京：解放军文艺出版社，2005.

[5] 钱伟长，金国藩，等．20世纪中国知名科学家学术成就概览：信息科学与技术卷[M]. 北京：科学出版社，2014：399-406.

[6] 唐盛昌，等．史品上中：菁英教育的缩影[M]．上海：上海教育出版社，2009:3-181.

后 记

《中国航天院士传记丛书》是在中国航天科技集团公司和中国航天科工集团公司统一组织下编写出版的，航天二院负责《黄培康院士传记》等9个分卷的组织编写工作，二院院士传记编审委员会办公室负责传记编撰的具体组织工作。在此，对为保证此书出版而付出辛勤工作的领导和同志们表示衷心的感谢。

黄培康自大学毕业投身我国航天科研事业，已经走过近60年的奋斗历程，他在自己漫长的航天科研生涯的每个阶段都作出过值得载入史册的贡献和成就。

他开始从事防空导弹、防御武器系统总体技术工作，为我国防空导弹击落U-2侦察飞机作出了贡献。1971年后，他主动要求转入雷达目标特性研究，在极其困难的条件下，领导研究团队使我国在这个重要的基础性研究领域取得快速发展，走进国际一流行列，为航天和国防科技提供了重要的技术支撑，他自己也从一名优秀的总体技术人才成长为领军重要基础性研究领域的知名科学家。1991年他重回系统集成高地，担任“863”计划某直属主题首席科学家，领导攻克了10项关键技术，集成了我国第一代某原理样机。黄培康还在长达20多年的时间里，倾心航天科技人才培养教育，作出了富有特色的重要贡献。

本书由编撰组四位执笔人共同完成，其中第四、五、六、八、十一、十二章和第三章小部分内容由田俊杰编写完成；第一、二、九、十章和第三章大部分内容由朱志浩编写完成；第七章内容以及第九、十章的补充和完善由殷红成编写完成；全书框架整合、修改、统稿由邱霞完成。

在本书的采访、编撰过程中，黄培康丰富、曲折的科研生涯以及在他身上表现出来的老一代科学家对祖国航天事业执着的奉献精神，科学严谨的治学态度和为人做事方面的高尚品格，一直都在深深地感染、教育着我们每一个人。

我们是《黄培康院士传记》的第一批受益者。

编撰组在采访和收集素材过程中，得到了中国航天科工集团公司、中国航天科技集团公司和二院有关单位领导和有关人员的大力支持，尤其是207所的历届所领导，他们不仅为编写组提供了宝贵素材，还对编写工作提出了很多宝贵的指导意见。一些与黄培康一起推动目标特性研究的老一辈科研人员也给予编撰组很大帮助。同时，感谢黄培康母校东南大学、上海中学、新场中学提供的宝贵历史资料，感谢二院研究生院、《系统工程与电子技术》编辑部和黄培康的众多学生的大力帮助，感谢传记采编小组的杨智慧、刘畅、梁凡、刘刚四位学生，尤其是杨智慧同学，用大量的业余时间整理录入素材。在传记最后的修改与整理工作中，王昕同志给予了很大帮助。黄培康以及家人为本书提供了丰富的家庭生活素材，这些温馨感人的故事，无不表现出黄培康身上中华民族优秀传统文化的风采和人格魅力，为本传记的完成奠定了良好的基础。

黄培康对编写他的传记，一直持谦虚谨慎的态度，反复叮嘱我们要坚持实事求是，对他的评价不要拔高，不能过头。他说:“自己是一个普通的人，很多事情是大家一起干的，我只是团队的代表。传记尽可能短一点，宁可少写，不要多写。”黄培康这些中恳要求，一直是我们编写这本传记的一个重要的指导原则。

由于时间较为仓促、部分内容保密以及编撰人员写作水平有限等原因，本传记未能将黄培康的个人魅力和贡献成就更全面地展示出来，还请各位读者谅解。

编撰组

2016年10月